Völlig ausgepowert und schlecht gelaunt? Verspannte Muskeln und Kopfschmerzen? Da helfen geschickte Hände, denn Massagen sind wie geschaffen zum Relaxen und Wohlfühlen. Sie lösen harte Muskeln, entschlacken, pushen den Stoffwechsel, straffen die Haut und streicheln die Seele. In diesem GU-Ratgeber finden Sie Varianten, die schon beim Lesen Lust aufs Ausprobieren machen: softe Körperstimulation aus Hawaii, tiefe Entspannung durch eine klassisch-schwedische Knetkur, warmes Öl auf Haut und Haaren nach indischer Art und heilende Reibungen auf Zonen und Meridianen ... Alles tut gut und wirkt wie sanfte Medizin. Probieren Sie's einfach mal aus.

Inhalt

Touch me – feel good!

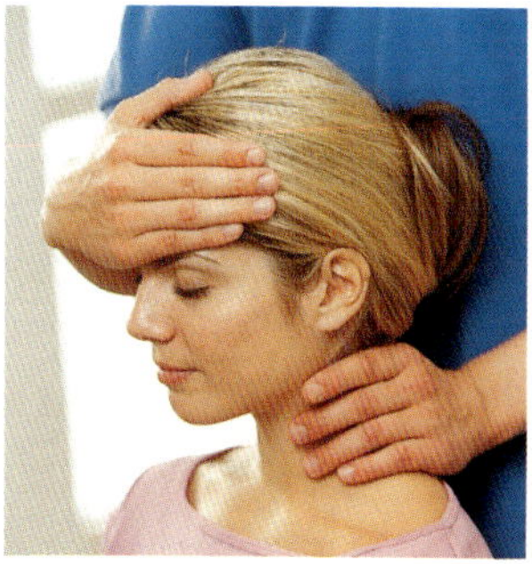

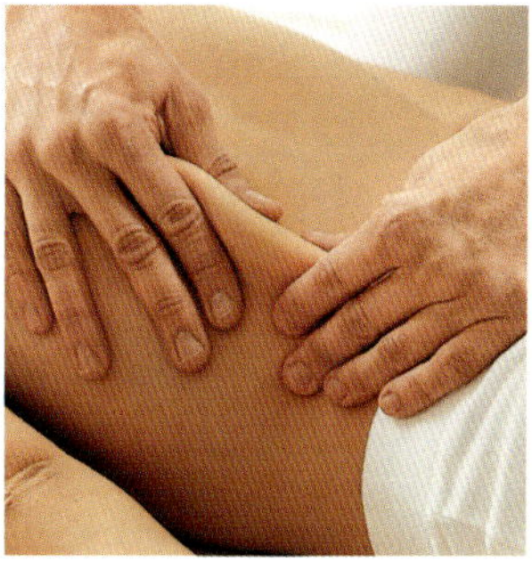

Touch me – feel good!

Berühren, fühlen, entspannen

Zu allen Zeiten, an jedem Ort der Welt – Massage ist so alt wie die Menschheit selbst. Weil nur warme, geschmeidige Hände gebraucht werden, um das Wohlgefühl zu vermitteln, das beim Massieren entsteht. Die Heilkraft der Berührung war überall bekannt und ist inzwischen wissenschaftlich bewiesen. Kurzum: Massagen sind ideal zum Abschalten und Entspannen!

Have a break!

Der Alltag ist manchmal ganz schön stressig. Und dann noch diese Tage, an denen man völlig aus dem Gleichgewicht gerät. Ob Zeitdruck im Job, Krise in der Beziehung oder beides zusammen – es gibt jede Menge persönliche Auslöser, die Körper und Seele in Aufruhr versetzen. Höchste Zeit für sinnliche Genüsse und körperliche Wohltaten! Denn je häufiger man sich stressen lässt, desto länger braucht der Körper, um Nerven und Hormone wieder auf Normalbetrieb zu bringen. Deshalb: Immer wieder mal die innere Notbremse ziehen und sich regelmäßige Auszeiten nehmen! So schützen Sie sich vor dem Burn-out und laden Ihre Akkus wieder auf. Wie das geht? Ganz einfach: Ein wenig Zeit einplanen, Anrufbeantworter einschalten, Handy ausschalten und … Hand anlegen.

Have a massage!

Sich zu verwöhnen oder verwöhnen zu lassen ist die Zauberformel für Wohlgefühl pur – dafür sind Massagen wie geschaffen. Berührungen entspannen und machen schön, weil sie Körper und Seele harmonisieren, Muskeln weich machen und den Stresspegel senken. Energie kann so wieder frei fließen, Aufatmen ist angesagt. Und Massieren geht ganz einfach:

Das Fingerspitzengefühl haben Sie – die richtigen Grifftechniken plus Massageregeln zeigen wir Ihnen ab Seite 10.

tipp:

Relax-Verstärker

Massage allein ist schon eine Wohltat; mit ein paar zusätzlichen Relax-Verstärkern entsteht Sinneslust auf höchster Stufe.

Hören: Ob klassisch oder modern – leise Musik im Hintergrund wirkt beim Massieren wie ein akustischer Spannungslöser. Ideale Relax-Musik: zum Beispiel das Adagio aus dem Brandenburgischen Konzert Nr. 6 von J. S. Bach oder die CD »Chill Out. Art of Listening« (WSM/Warner Music).

Sehen: Helles Licht wirkt wie ein Muntermacher, Schummerlicht beruhigt. Ideal beim Massieren ist daher sanftes Kerzenlicht oder gedämpfte Beleuchtung.

Riechen: Für ein angenehmes Dufterlebnis mit Calm-down-Effekt sorgt Teerosen-Aroma. Verwandeln Sie den ganzen Raum in eine Relax-Oase – entweder mit Raumsprays oder mit zart duftenden Räucherstäbchen (beides gibt es in Parfümerien zu kaufen). In einer Aromalampe können sich Wohlgerüche ebenfalls gut entfalten. Für Räume bis zu 30 Quadratmetern brauchen Sie etwa vier bis zehn Tropfen ätherisches Öl. Faustregel: Je intensiver der Duft, desto weniger Tropfen. Auch Duftkerzen schmeicheln der Nase und schaffen eine angenehme Wohlfühlatmosphäre.

Anfassen mit viel Gefühl

Hände liegen auf der Haut, verweilen ein wenig und spüren. Dann streichen sie langsam über die Konturen des Körpers, ertasten seine Beschaffenheit, vollführen wellenartige Bewegungen, gleiten, fassen zu, kneten warme Haut … Berühren ist gleich Fühlen – unser Tastsinn ist grandios. Beim Massieren müssen Sie auf Tuchfühlung gehen. Spüren, was weich und was hart ist. Hochsensible Sinneszellen warten nur darauf, sanfte Berührungen zu empfangen.

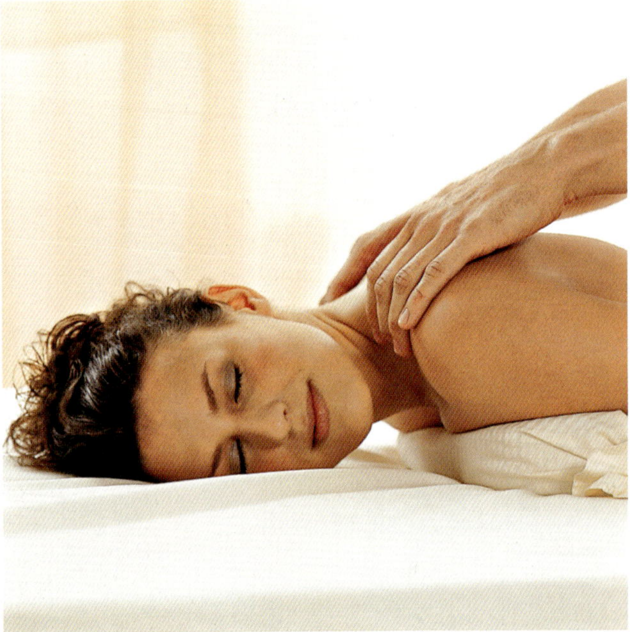

Einfach hinlegen, die Augen schließen und die Berührung genießen. Das macht glücklich und befreit von Stress.

Haut-Sache entspannt

Ganz klar: Das Geheimnis völliger Entspannung liegt auf der Haut. Denn auf einer Fläche von nahezu zwei Quadratmetern ist sie mit Millionen empfindlicher Nervenenden versehen, die dem Gehirn jeden äußeren Reiz melden: Allein ein Händedruck aktiviert schon über 15 000 Tastkörperchen, und einen geliebten Menschen zu streicheln hat geradezu dramatische Folgen:
Tausende von Rezeptoren melden den Tastreiz ans limbische System, das Gefühlszentrum in unserem Gehirn (Seite 9). Die Hirnanhangdrüse schüttet berauschende Hormone aus, die Durchblutung wird gesteigert …
Kurzum: Sobald Haut auf Haut trifft, entsteht ein Reiz, der im ganzen Körper Rausch und Ruhe zugleich bewirkt. Kein Wunder also, dass Berührungen so gut tun und tiefe Relax-Gefühle auslösen.

Wirkungsvolle Handarbeit

Experten sind sich einig: Was ihre Wirkungen anbelangt, sind Massagen wahre Multitalente. Sie werden staunen, welche wohltuenden Effekte sich damit erzielen lassen:

Massagen …
- bauen Stresshormone ab,
- senken den Blutdruck,
- vertiefen den Schlaf,
- lösen muskuläre Verspannungen,
- kurbeln Durchblutung und Stoffwechsel an,
- bringen die Lymphe in Schwung,
- straffen die Haut,
- lindern Schmerzen und
- verbessern die Abwehr.

Doch Massagen können noch mehr. Sie wirken wie Streicheleinheiten für die Seele, denn sie …
- regen die Produktion von Glückshormonen an,
- machen gute Laune,
- lösen emotionale Spannungen und
- beruhigen strapazierte Nerven.

Fitness für die Muskeln

Ob Radfahren, Joggen oder Walken – wenn Sie sportlich superaktiv sind, können Sie Ihre Muskeln mit Massagen topfit halten: vorher, um sie schön weich und warm zu machen. Und nachher, um schmerzhaften Muskelkater oder -krämpfe zu vermeiden. Denn beim Massieren reguliert sich der muskuläre Spannungszustand (Tonus): Beanspruchte, harte Muskeln entkrampfen (Detonisierung) und müde, schlaffe Muskeln bekommen einen Kick, um wieder leistungsstark zu arbeiten (Tonisierung). So wird wieder eine normale Muskelspannung hergestellt.

info:

STIMMUNGSMACHER MASSAGE

Mini-Stress kann ein aufregender Energiekick sein – Mega-Stress kann allerdings auf Dauer richtig auspowern: Stresshormone wie Cortisol und Adrenalin werden vermehrt ausgeschüttet, und die halten uns so richtig auf Trab. Sie beschleunigen den Herzschlag, pushen den Blutdruck und erhöhen die Muskelspannung. Hält dieser Zustand zu lange an, reagiert der Körper mit Erschöpfung: Kopf oder Rücken schmerzen, die Nerven liegen blank, und die Stimmung sinkt auf den Nullpunkt.

Mit einer Massage bringen Sie nicht nur Ihre Stresshormone wieder auf Normalwert. Sie aktivieren damit auch Ihre Wohlfühlhormone – und dagegen haben Stresshormone keine Chance mehr. Forscher haben herausgefunden, dass durch den Druck und die streichenden Bewegungen beim Massieren das Hormon Oxytocin im Körper freigesetzt wird. Es mindert Stress und Angst, lindert Schmerzen. Gleichzeitig wird die Produktion von Endorphinen, den Glückshormonen, angeregt. Gute Laune ist also beim Massieren vorprogrammiert!

Gut geölt genießen

Öl auf der Haut – das ist sinnliches Vergnügen und Pflegekur in einem. Denn Öle umhüllen die Haut wie flüssige Seide, machen sie streichelzart und geschmeidig-glatt. Ihre Inhaltsstoffe sorgen für Entspannung, fördern die Durchblutung und die Regeneration der Zellen.
Doch Öl ist nicht gleich Öl. Mineralische oder chemisch behandelte Öle machen die Haut zwar glatt, haben aber kaum langfristig pflegende Eigenschaften. Nur hochwertige, reine Pflanzenöle sind richtige Hautschmeichler mit Pflegepotenzial. Und genau das brauchen Sie für eine Verwöhnmassage.

Geschmeidige Hautgleiter

Durch ihre samtig-weiche Konsistenz umhüllen natürliche Pflanzenöle die Haut mit einem zarten Film, der nicht sofort einzieht. So können die Hände gut über die Haut gleiten, ohne ruckartige Bewegungen zu verursachen. Gerade bei stark behaarten Körperstellen ist ein öliges Gleitmittel sehr wichtig, um die feinen Härchen beim Streichen, Kneten und Reiben nicht schmerzhaft zu zerren.

➤ Einen Extra-Wohlfühleffekt gibt es, wenn Sie das Öl in einem Schälchen im Wasserbad leicht erwärmen.

Pflegende Massageöle

Pflanzenöle machen die Haut nicht nur schön glatt, sie enthalten auch wertvolle Nährstoffe, die das Zellwachstum der Haut stärken und vor freien Radikalen schützen. Außerdem spenden sie wertvolle Feuchtigkeit und erhalten diese durch den Schutzfilm, den sie auf der Haut bilden. Dafür sorgen ungesättigte Fettsäuren, pflanzliche Weichmacher wie Lipide und Kollagene sowie Vitamine.

Hier eine Auswahl öliger Pflegespezialisten mit optimalen Massageeigenschaften:

- **Avocadoöl** macht spröde Haut wieder samtig-weich, da es sehr nährstoffreich ist. Es dringt gut in die Haut ein, duftet fein und ist insbesondere für trockene Haut ideal.
- **Mandelöl** ist wunderbar mild und hautverträglich. Da es kaum Eigengeruch hat, eignet es sich hervorragend als Basisöl für einen duftenden Relax-Cocktail mit ätherischen Ölen.
- **Jojobaöl** ist purer Luxus für die Haut. Es enthält zahlreiche Vitamine und mineralische Wirkstoffe, spendet viel Feuchtigkeit und macht die Haut superglatt.

➤ Hochwertige, kaltgepresste Pflanzenöle gibt es in Apotheken, Reformhäusern und Bioläden zu kaufen.

Aroma-Doping gegen Stress

Düfte können unsere Gefühle beeinflussen, zum Beispiel wie ein Beruhigungsmittel wirken – ohne Nebenwirkungen und blitzschnell. Die Nase steht nämlich in direkter Verbindung mit dem limbischen System, dem Hypothalamus und Hippocampus. In diesem ältesten Teil unseres Gehirns werden Erinnerungen gespeichert, er steuert Emotionen, Instinkte und die Hormonproduktion für viele körperliche Vorgänge wie Immunabwehr, Stressverarbeitung, Sexualverhalten. Kein Wunder, dass Düfte viel bewirken können …

Ätherische Öle

Sie sind duftende Powerpacks voll hochwirksamer Inhaltsstoffe, die auf Körper, Geist und Psyche Einfluss nehmen und bei vielen Beschwerden eine große Hilfe sind. Auch für Ruhe und Entspannung können sie sorgen, für Belebung oder einfach für gute Laune. Hervorragende Relaxdüfte sind Jasmin, Lavendel, Lemongrass, Melisse, Muskatellersalbei, Neroli und Rose.

Aroma-Massageöl

Wenn pflanzliche und ätherische Öle eine Verbindung eingehen, entstehen wahre Hautschmeichler und betörend duftende Relax-Verstärker. Die Wirkstoffe der Öle dringen in die Haut ein und entfalten so ihre Tiefenwirkung. Gleichzeitig steigt der Duft in die Nase und bringt Ihre Gefühle auf Touren – ein toller Doppeleffekt, der Wohlfühlmomente und Hautpflege garantiert.

tipp:

Es darf auch Selbstgemixtes sein

Duftende Massageöle gibt's zwar schon fertig zu kaufen. Sie können sich aber auch ein individuelles Aroma-Massageöl selbst mixen:

- Besorgen Sie sich einfach 50 Milliliter reines Pflanzenöl, und geben Sie einige Tropfen ätherisches Öl hinein.
- Dosieren Sie das ätherische Öl eher niedrig (nicht mehr als 10 Tropfen auf 50 ml), da der Duft schnell zu intensiv werden kann.
- Flasche verschließen, schütteln – und schon ist das Massageöl fertig!
- Wichtig: Nur echte, naturreine ätherische Öle können ganzheitlich wohltun. Es gibt sie in Apotheken, Reformhäusern und Bioläden.
- Machen Sie immer erst eine Riechprobe, bevor Sie ein ätherisches Öl kaufen. Denn Düfte schaffen nur Wohlbefinden, wenn sie als angenehm empfunden werden.

Basics – step by step

Werden Sie handgreiflich!

Optimal ist es sicherlich, die Techniken der Massage in einem Seminar zu erlernen. In den meisten Volkshochschulen werden für nahezu alle hier im Buch vorgestellten Massagearten Kurse zum Kennenlernen, Ausprobieren und Üben der speziellen Grifftechniken angeboten.

Doch keine Sorge – es geht auch ohne! Einfach die folgenden Anleitungen aufmerksam durchlesen, Tastsinn aktivieren und loslegen. Sie müssen kein Profi sein, um Ihrem Partner, Ihrer Freundin oder sich selbst eine superwirksame Massage zu geben. Streichen, Reiben und Kneten – das kann jeder. Die nötigen Basics lernen Sie ganz schnell. Und die Wirkungen sind verblüffend: Mit Ihren Händen lassen sich Stress und Verspannungen einfach wegmassieren.

Streicheleinheiten

Am Anfang zur Einstimmung, immer wieder mal zwischendurch zum Aufatmen und am Ende als krönender Abschluss – langsam ausgeführte, beruhigende Streichungen sind die Grundlage jeder guten Massage. Das Streichen oder die Effleurage, wie diese Grifftechnik in der Massagefachsprache genannt wird, erfolgt stets in Aufwärtsrichtung, also mit dem Blutstrom zum Herzen hin.

Einstimmen, entspannen, einölen

Mit diesem zarten Hautgleiten stimmen Sie sich körperlich und geistig auf den intensiven Körperkontakt ein. Gleichzeitig erzielen Sie damit schon erste spürbare Verwöhn- und Relax-Erfolge, denn die wiederholt ausgeführten Streichungen wirken wunderbar entspannend: Oberflächliche Spannungen lösen sich, und man kann regelrecht aufatmen. Außerdem verteilen Sie mit dem

tipp:

Die richtige Vorbereitung

➤ **Warme Hände** sind das A und O beim Massieren: Zum Aufwärmen 30-mal die Handflächen schnell aneinander reiben.

➤ **Lange Fingernägel** unbedingt kürzen und Ringe ausziehen, sonst droht Verletzungsgefahr.

➤ **Warmes Öl** ist beim Massieren besonders angenehm. Deshalb ein wenig Öl in ein Porzellanschälchen schütten und kurz im Wasserbad erwärmen.

➤ Das Massageöl **nicht direkt** auf den Körper, sondern immer zuerst auf die Hände träufeln, verreiben und dann erst den Körper damit einölen.

Ausstreichen das Massageöl gleichmäßig auf der Haut.

Ausstreichen: So wird's gemacht

1. Träufeln Sie etwas angewärmtes Massageöl auf Ihre Handfläche und verreiben Sie es zwischen den Händen.
2. Anschließend legen Sie Ihre Hände ganz behutsam auf den unteren Rückenbereich, links und rechts neben die Wirbelsäule. Verweilen Sie einen Moment, und stimmen Sie sich innerlich auf die Berührung ein.
3. Nun beugen Sie Ihren Oberkörper leicht nach vorn, um einfach durch Ihr Gewicht etwas Druck auf die Hände zu bringen.
4. Dann streichen Sie mit beiden Händen gleichzeitig langsam nach oben in Richtung Schultern.
5. Dort angekommen, beschreiben Sie mit Ihren Händen einen Halbkreis und lassen sie an den Körperaußenseiten wieder leicht zurück nach unten gleiten.

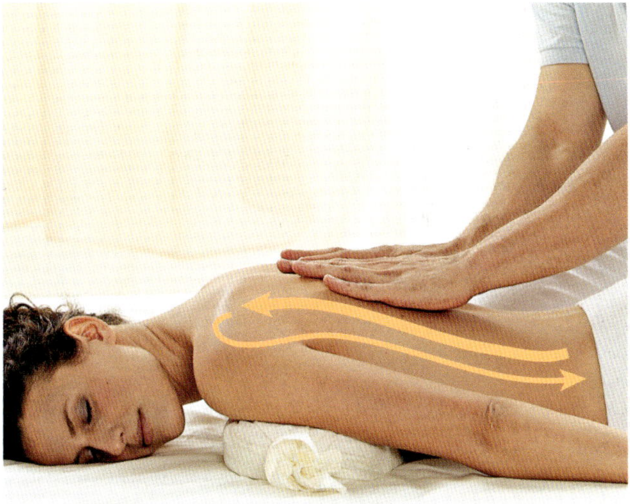

Streichen *Sie mit flach aufliegenden Händen und festem Druck nach oben, dann fließend über die Schultern und Rückenaußenseiten zurück.*

Knetkur

Die Muskelpakete an Schultern, Rücken, Beinen und Po sind für die intensive Grifftechnik des Knetens – Pétrissage genannt – bestens geeignet. Außerdem lassen sich meistens gerade dort auch gemeine Verspannungen ertasten: Die Muskeln fühlen sich hart an, und beim Massieren tut's richtig weh. Deshalb sollten Sie anfangs nicht gleich mit aller Kraft zupacken, sondern erst mal sanft beginnen. Den Druck können Sie dann ganz allmählich und behutsam steigern. Auf diese Weise sollten Sie bei jeder intensiver wirkenden Grifftechnik vorgehen. Denn Luftanhalten und Schmerzaushalten sind nicht Ziel einer Relax-Massage!

Relax-Effekte

Mit viel Fingerspitzengefühl ausgeführt, sind die Wirkungen einer Knetkur verblüffend: Danach fühlt sich das zuvor harte Muskelgewebe wieder wie warmer, weicher Kuchenteig an. Denn die verspannten Muskeln haben sich gelockert und sind schön elastisch. Außerdem rötet sich die massierte Haut ein wenig – ein Zeichen dafür, dass die Durchblutung stark angeregt wurde. Und das wiederum bewirkt einen schnellen Abtransport von Schlacken, die sich im Bindegewebe, in den Venen und Lymphgefäßen angesammelt haben.

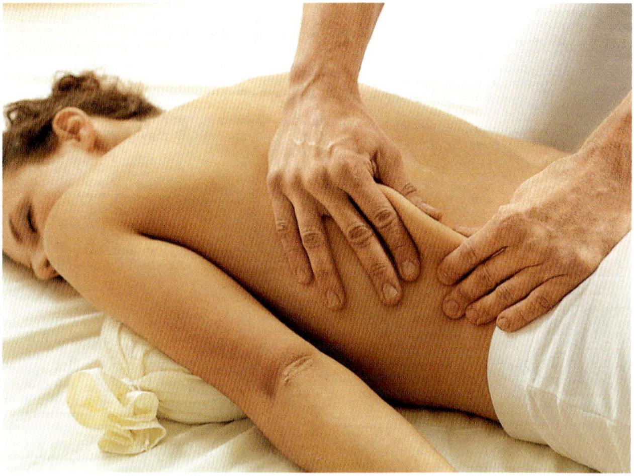

*Beim **Kneten** dürfen Sie kräftig zupacken: Pressen, rollen und drücken Sie die gut fassbaren Rückenmuskeln mit beiden Händen gleichzeitig.*

Kneten: So wird's gemacht

Nach dem Streichen folgt ein fließender Übergang von sanft zu intensiv:

1. Mit Ihren Händen ertasten Sie zunächst die Muskelpakete an Schultern, Rücken, Beinen oder Po.
2. Dann fassen Sie beherzt zu und kneten das Muskelgewebe wie Kuchenteig: Pressen, drücken und rollen Sie die Hautpartien mit sanften, rhythmischen Bewegungen Ihrer Finger.

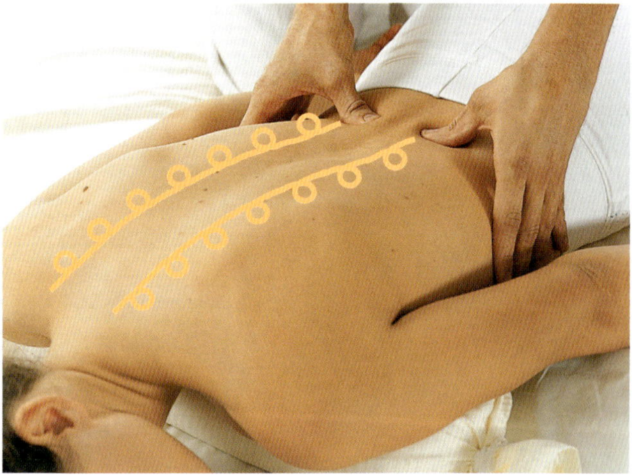

***Reiben** Sie mit Druck und Fingerspitzengefühl, in kleinen Kreisen, spiralförmig weiterwandernd, um so verspannte Muskeln aufzuspüren.*

Reibetechnik

Ob an den Füßen, Schultern oder am Rücken – manchmal sitzt die Verspannung nicht im ganzen Muskel, sondern nur an bestimmten Stellen. Diese lokalen Muskelhärten lassen sich in Form kleiner Knötchen oder Erhebungen ertasten, während das übrige Muskelgewebe relativ weich ist. Ein solches Zentrum der Verspannung massieren Sie nun mit der Grifftechnik des Reibens – auch Friktion genannt.

Relax-Effekte

Durch das Streichen und Kneten sind die Muskeln schon gut vorbereitet. Deshalb können Sie nun mit den intensiven, spiral- und kreisförmigen Reibungen fortfahren, um noch den letzten Muskelverspannungen den Rest zu geben. Damit lassen sich selbst kleinste Verspannungsherde zielsicher ausfindig machen und allmählich auflösen. Winzige kristalline Ablagerungen, die sich darin angesammelt haben, werden durch die verstärkte Durchblutung ausgeleitet. Und danach sind die Verhärtungen samt Schmerzen wie weggeblasen.

Reiben: So wird's gemacht

Bei den nun folgenden Reibungen brauchen Sie vor allem eins: Fingerspitzengefühl! Denn diese Grifftechnik wird ausschließlich mit den Fingerkuppen ausgeführt – und darin befinden sich die meisten Nervenenden. Deshalb werden Sie beim Reiben sehr viel zu spüren bekommen.

1. Legen Sie Ihre Daumen auf die entsprechenden Muskeln, und beugen Sie Ihren Oberkörper leicht nach vorn, um etwas Druck auf die Finger zu bringen.
2. Nun reiben Sie mit den Daumen kleine Kreise auf die Haut und ertasten dabei die Beschaffenheit des Muskelgewebes.
3. Um vorwärts zu kommen, öffnen Sie die Kreise und reiben spiralförmig weiter.
4. Arbeiten Sie sich ganz langsam voran, Zentimeter für Zentimeter, und zwar von unten nach oben oder von aus- nach einwärts.

tipp:

ENTSPANNTE LAGE

Profis haben eine spezielle Massageliege, um bequem und von allen Seiten gleich gut massieren zu können. Für unsere Zwecke genügen auch einfachere Hilfsmittel:

➤ Eine dickere Decke oder Gymnastikmatte auf dem Boden und ein Bettlaken (wegen des Öls) reichen als Unterlage völlig aus.

➤ Für eine entspannte Rückenlage sorgen kleine Kissen unter den Kniekehlen oder dem Nacken. In der Bauchlage hilft ein dickes Kissen unter dem Oberkörper oder Bauch, den Nacken zu entspannen.

➤ Wer auf dem Boden massiert, braucht ein festes Kissen unter den Knien, um Druckstellen zu vermeiden.

tipp:

WÄRME FÜR DEN BODY

Um richtig schön entspannen zu können, braucht der Körper viel Wärme.

➤ Eine Raumtemperatur von 22 bis 23 °C ist optimal.

➤ Damit der unbekleidete Körper während der Massage nicht auskühlt, sorgen flauschige, weiche Decken für Wohlfühlwärme.

Freiluftmassage – ein besonderes Wohlfühlerlebnis mit Suchteffekt:

➤ Verlegen Sie die Massage an einem schönen, warmen Sommertag doch einfach mal nach draußen! Vor neugierigen Blicken geschützt zum Beispiel auf Ihrer Terrasse zwischen duftenden Blumen, lauschig im Garten unter einem Baum oder genüsslich ausgebreitet auf dem Balkon. Alles, was Sie brauchen, sind ein Schattenspender wie Sonnenschirm oder Markise, ein flach eingestellter Liegestuhl oder eine weiche Decke zum Darauflegen – fertig ist Ihr Massageparadies im Freien!

Massageregeln

Bevor Sie endgültig loslegen, erfahren Sie hier ein paar grundlegende Massageregeln. Denn Sie müssen jetzt nur noch wissen, wie Sie Ihre Hände am Ort des Geschehens so richtig in Aktion bringen können, damit die Massage zum ultimativen Relax-Erlebnis wird.

Regel No. 1: Immer nur die Muskeln, niemals die Knochen massieren!

Sie brauchen sicherlich keinen Anatomiekurs zu belegen, um zwischen Muskel und Knochen unterscheiden zu können. Die Knochen sind in der Regel gut sichtbar: Streichen Sie einfach ganz leicht über sie hinweg, und verstärken Sie den Druck erst wieder, wenn Sie auf einem Muskelgebiet angelangt sind. Die Wirbelsäule beispielsweise ist gut erkennbar und sehr empfindlich. Deshalb: Massieren Sie nur die beiden Muskelstränge, die sich links und rechts davon befinden.

Regel No. 2: Immer zum Herzen hin massieren!

Damit die Ver- und Entsorgung in den massierten Geweben gut funktioniert, muss die Richtung stimmen. Denn der mit den Händen ausgeübte Druck regt sowohl die Durchblutung als auch den Lymphfluss stark an. So werden Haut, Muskeln und Organe mit einer Extradosis Sauerstoff und Nährstoffen versorgt. Gleichzeitig wird der abführende Blutstrom – das verbrauchte Blut – ebenfalls auf Trab gebracht.

Deshalb ist es wichtig, immer zum Herzen hin zu massieren, also von außen nach innen, in der Massagefachsprache: von peripher nach zentral. Sie dürfen also aufwärts (= herzwärts oder zentral) mit stärkerem Druck massieren, abwärts (= nach peripher) nur mit leichtem Druck streichen. Auch die Lymphe, deren Bahnen größtenteils parallel zu den Blutgefäßen verlaufen, braucht die Bewegung zum Herzen

Bei allen Regeln – für eine Partnermassage sind Vertrauen und Einfühlungsvermögen mindestens ebenso wichtig.

hin, um Abfallstoffe schneller entsorgen zu können.

Regel No. 3: Immer den Hautkontakt halten!

Absolut entspannend und wohltuend ist es, wenn Sie beim Wechseln von einer Grifftechnik zur nächsten den Kontakt zur Haut nicht unterbrechen. Beispiel: Wollen Sie das Streichen ins Kneten übergehen lassen, bleibt eine Hand zunächst noch auf der Haut ruhen, während Sie mit der anderen Hand langsam zum Kneten übergehen. So wird der Berührungsreiz einfach beibehalten, und der Massierte kann sich innerlich auf die nun folgenden Handgriffe einstellen.

Regel No. 4: Immer schön im Rhythmus bleiben!

Ihre Hände streichen harmonisch über den Körper, folgen seinen Konturen, geschmeidig wie die Bewegungen einer Katze. So entsteht das Gefühl, sich den berührenden Händen vollkommen hingeben zu können. Denn die supersensiblen Nervenenden, die sich in der Haut befinden, reagieren auf jede noch so kleine Unregelmäßigkeit. Deshalb: Ruckartige Bewegungen ohne fließende Übergänge oder zu schnelle, hektisch ausgeführte Griffe machen tiefe Relax-Gefühle zunichte, weil sich die Muskeln dann verspannen und der Massierte vor Schreck die Luft anhält.

Regel No. 5: Immer auch der Intuition folgen!

Vertrauen Sie Ihrem Einfühlungsvermögen, und lassen Sie sich von Ihrer Intuition leiten. Dann können Sie – wenn Sie die anderen Regeln beherzigen – eigentlich nichts falsch machen.

Relax-Massagen für Singles

Do it yourself!

Niemand zur Stelle, der Ihnen nach einem anstrengenden Tag den Stress wegmassiert? Kein Problem! Es gibt Massagearten, die zum Selbstmachen wie geschaffen sind. Und ihre Wirkungen sind gleich doppelt stark – Relax und Beauty in einem: Stressfalten im Gesicht verschwinden, die Haut wird streichelzart und der Kopf wieder frei. Probieren Sie's einfach aus!

Streicheleinheiten

für Kopf und Gesicht

Zu lange am Computer gesessen, von einem Date zum nächsten gehetzt und dann noch spät ins Bett gegangen? Das hinterlässt Spuren, besonders im Gesicht: Sie sehen müde und abgespannt aus, die ersten Spannungsfältchen zeichnen sich unliebsam ab, und zu allem Überfluss tut auch noch der Schädel weh. Bevor Sie in solchen Situationen zu Schmerzpillen greifen oder gleich an ein kostspieliges Facelifting denken, versuchen Sie's erst mal mit einer Massage – garantiert ohne Nebenwirkungen und Skalpell!

Schön entspannt

Die fein verästelte Muskulatur, die sich unter der Kopf- und Gesichtshaut befindet, reagiert besonders intensiv auf sanfte Berührungsreize. Deshalb sind die Relax-Wirkungen einer Kopf- und Gesichtsmassage sehr schnell spür- und sichtbar:

- Morgens gibt sie matter, schlaffer Haut sofort mehr Ausstrahlung.
- Sie steigert die Durchblutung der Haut, macht sie rosig und prall. Das mildert die Stressfältchen um die Nasenwurzel und verhindert, dass sich horizontale Stirnfalten immer tiefer eingraben.
- Die Lymphzirkulation der Haut wird verbessert. Das baut Schwellungen ab.
- Abends entspannt die Massage angenehm und regt die Zellen bei ihrer nächtlichen Erneuerung zu Höchstleistungen an.
- Kopfdruck und Spannungskopfschmerzen verschwinden.
- Die feine Gesichtsmuskulatur entspannt sich, Sie sehen jünger und frischer aus.

tipp:

Wohltuende Öle

➤ **Rosengesichtsöl** ist ideal für die Massage auf der folgenden Seite – es riecht balsamisch-betörend, glättet die Haut, reduziert Fältchen und ist für alle Hauttypen geeignet:

30 ml Jojobaöl mit
3 Tropfen Rosenöl mischen.

➤ **Erste Hilfe bei Kopfschmerzen:**

1 EL Mandelöl mit
2 Tropfen Pfefferminzöl

mischen und Kopfhaut, Stirn, Schläfen und Nacken damit einreiben. Danach ein warmes Vollbad nehmen – das vertreibt selbst die letzten Spannungen im Kopf.

Kopf frei – Stressfalten weg!

Sanftes Reiben, Zupfen, Kneifen, Drücken und Streichen – diese Handgriffe sollten Sie sich regelmäßig gönnen. Es lohnt sich: Schon eine 5-Minuten-Massage wirkt 24 Stunden lang!

Erst der Kopf ...

1. Legen Sie beide Hände auf den Kopf, und geben Sie etwas Druck auf Ihre Fingerspitzen.
2. Führen Sie auf der Kopfhaut kreisende Bewegungen wie beim Haarewaschen aus. Massieren Sie langsam in gleichmäßigem Rhythmus Ihre gesamte Kopfhaut: vorn über der Stirn, seitlich über den Ohren sowie am gesamten Hinterkopf. Die Stellen, die besonders empfindlich sind, sollten Sie mit einer Extraportion Massage verwöhnen.
3. Anschließend nehmen Sie einzelne Haarsträhnen zwischen Ihre Finger und ziehen sie langsam nach oben, bis sie aus Ihren Fingern gleiten.

... dann das Gesicht

4. Verreiben Sie ein wenig Rosen-Gesichtsöl auf den Handflächen, und bedecken Sie mit beiden Händen Ihr Gesicht. Augen schließen – und die Hände ein paar Sekunden so ruhen lassen.
5. Nun streichen Sie mit den Fingern beider Hände von der Stirn über die Nasenwurzel links und rechts abwärts über beide Wangen. Weiter in einem Halbkreis übers Kinn streichen, bis sich Ihre Fingerspitzen an der Mitte des Kinns treffen. Das Ausstreichen 5-mal wiederholen.
6. Reiben Sie mit den Fingerspitzen nacheinander kleine Kreise auf Stirn, Schläfen, Wangen und Kinn.
7. Dann drücken Sie die Augenbrauen mit Daumen und Zeigefinger, von der Nasenwurzel ausgehend bis zu den Schläfen. Wiederholen Sie diesen Augenbrauen-Relaxgriff 3-mal.
8. Nehmen Sie die Augenbrauen zwischen Ihre Mittel- und Ringfinger, und streichen Sie mit Druck nach außen. Dort angekommen, drücken Sie kurz den Schläfenpunkt.
9. Kneifen erlaubt! Drücken Sie kleine Hautfalten von Wangen und Kinn zwischen Ihren Fingerspitzen.
10. Zum Schluss streichen Sie mit flachen Händen von der Stirnmitte nach links und rechts zu den Schläfen, von der Nase nach links und rechts über die Wangen und von der Kinnmitte nach außen zu den Ohrläppchen hin.

tipp:

Wohltat für Kopfhaut und Haare

Ein Haarwasser, das die Haare seidig weich macht und die Kopfhaut beruhigt:

100 ml Rosenwasser
20 ml Alkohol 50 %
3 Tropfen Rosenöl
3 Tropen Kamillenöl

Alle Zutaten in eine dunkle Flasche geben und vor jeder Anwendung gut schütteln.

2 Das tut richtig gut! Reiben Sie Ihre Kopfhaut wie beim Haarewaschen.

4 Beide Hände aufs Gesicht legen, Nase frei lassen, Augen schließen – und entspannen.

6 Das hilft gegen Kopfschmerzen: Mit etwas Druck kreisend auf den Schläfen reiben.

7 Augenbrauen mit Daumen und Zeigefinger abwechselnd drücken und wieder loslassen.

Heilsame Fernwirkung:

Reflexzonen-Massage

Wussten Sie, dass sich in den Händen und Füßen unsichtbare, hochwirksame Relax-Auslöser befinden? Dort laufen nämlich zahlreiche Nervenenden zusammen, die sozusagen online mit den inneren Organen und dem vegetativen Nervensystem verbunden sind: Drücken Sie auf eine bestimmte Stelle – eine Reflexzone –, entsteht ein Reiz, der über entsprechende Nervenbahnen in Sekundenschnelle an das betreffende Organ oder System (wie Kreislauf, Lymphe, Nervensystem) weitergeleitet wird. Am Zielort sorgen die heilsamen Impulse dann für den nötigen Ausgleich: Power oder Relax!

Punktgenaue Effekte

Hände und Füße sind Miniaturabbilder unseres Körpers. Deshalb können Sie eine Reflexzonen-Massage auch gezielt dort einsetzen, wo Sie's am meisten brauchen: Macht sich die innere Anspannung beispielsweise im Nacken und Rücken bemerkbar, massieren Sie vorwiegend die Zonen, die für diesen Körperbereich zuständig sind. Sie werden staunen: Schon nach wenigen Minuten spüren Sie, wie sich Ihre …

- verspannten Muskeln lockern und
- Spannungskopfschmerzen verschwinden.
- Außerdem schaltet Ihr Nervensystem wieder auf Normalbetrieb, und die Nervosität weicht einem wohligen Entspannungsgefühl.

Doch die Reflexzonenmassage kann noch mehr. Wird sie von erfahrenen Therapeuten ausgeführt, können damit sogar Störungen einzelner Organe oder ganzer Organsysteme behoben werden (Buchtipp Seite 46).

Das hat Hand und Fuß!

Ob in der U-Bahn, im Büro oder zu Hause vor dem Fernseher – die Reflexzonenmassage ist ein superwirksames Relax-Mittel, das an fast jedem Ort bestens zum Selbstmachen geeignet ist.
Sie brauchen noch nicht mal ein Massageöl, denn das

tipp:

Pflegender Handbalsam

Für streichelzarte Haut:

20 ml Jojobaöl
2 Tropfen Kamillenöl
2 Tropfen Rosenöl

vermischen und die Hände damit eincremen. Intensive Pflegewirkung erreichen Sie, wenn Sie den Handbalsam über Nacht einwirken lassen. Tragen Sie dazu die Mischung großzügig auf, und ziehen Sie dünne Baumwollhandschuhe an (gibt's in Parfümerien).

2 *Finger kreuzen und die Zwischenräume kräftig reiben.*

würde nur das Auffinden der Zonen erschweren und die reflektorischen Wirkungen beeinflussen.
Allerdings können Sie Ihre Hände nach der Massage mit einer zartduftenden Ölmischung einreiben (siehe Tipp). Das macht spröde, beanspruchte Haut wieder streichelzart und beruhigt die Reflexzonen.

Erst die Hände …

1. Reiben Sie beide Handflächen so lange fest aneinander, bis Ihre Hände schön warm sind. Das regt auch die Reflexzonen an, die sich auf den Handflächen befinden.
2. Legen Sie die Hände so ineinander, dass sich die Finger kreuzen. Dann führen Sie mit einer Hand schnelle, reibende Bewegungen aus und reiben

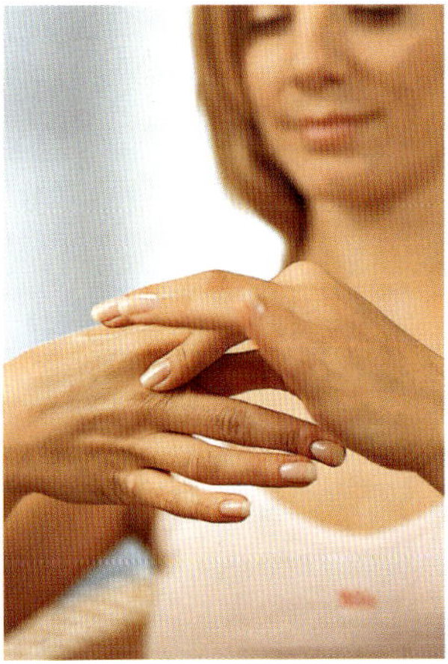

3 *Kick für die Lymphe: Zupfen Sie jeden Fingerzwischenraum 3-mal.*

so erst die Fingerzwischenräume der einen, dann der anderen Hand – je 20-mal.
3. Spreizen Sie die Finger Ihrer rechten Hand und nehmen Sie nacheinander jeden Zwischenraum – also die Schwimmhäute – zwischen Daumen und Zeigefinger der linken Hand. Drücken Sie zu, und ziehen Sie beide Finger gleichzeitig Richtung Fingerspitzen – jeweils 3-mal. In den Fingerzwischenräumen befinden sich die Zonen für die Lymphe, die Sie mit dem kräftigen Ziehen stimulieren. Danach zupfen Sie die Zwischenräume der linken Hand.
4. Ihre Finger liegen ineinander, um die Hände gut zu stabilisieren. Mit dem linken Daumen reiben Sie jetzt großzügig Kreise auf die

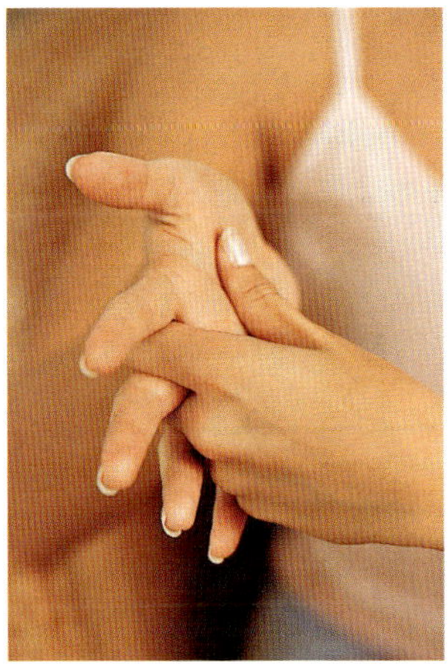

4 *Mit dem Daumen große Kreise auf die Handfläche reiben.*

rechte Handfläche. Auf den Handflächen befinden sich die Reflexzonen aller wichtigen inneren Organe wie Herz, Lungen, Nieren sowie des Verdauungssystems.

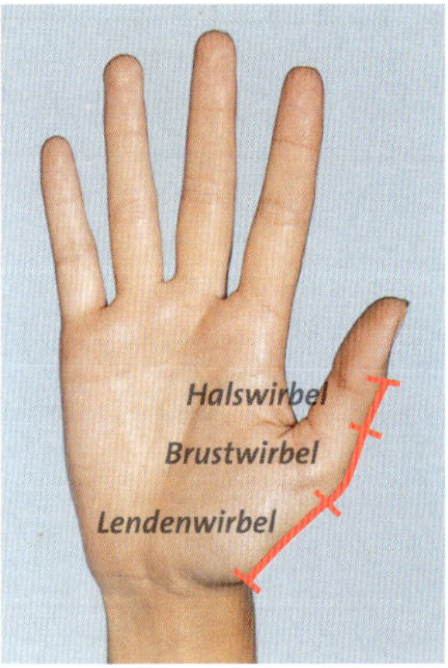

Die Reflexzonen der Wirbelsäule liegen außen am Daumen.

Nach 10 Kreisen wechseln Sie zur linken Handfläche.

5. Drehen Sie die gerade behandelte Hand um, und massieren Sie auch den Handrücken mit kreisenden Daumenbewegungen. Dort befinden sich ebenfalls wichtige Reflexzonen wie die des Herzens, der Lunge und Lymphe.

6. Anschließend wird der Daumen intensiv behandelt, denn dort sind die Zonen für den Rücken. Und dieser ist ja bekanntlich bei fast jedem Menschen immer wieder mal schmerzhaft verspannt.

Die Reflexzonen der einzelnen Wirbelsäulenabschnitte verlaufen vom ersten Gelenk bis zum Bereich des Handwurzelknochens (siehe Abbildung). Beginnen Sie mit dem rechten Daumen und massieren Sie vom ersten Gelenk ausgehend nach unten zum Handwurzelknochen hin. Führen Sie kleine Kreise mit dem Massagedaumen aus. Treffen Sie auf eine schmerzhafte Stelle, halten Sie mit der Bewegung inne, drücken tief ins Gewebe, warten ein paar

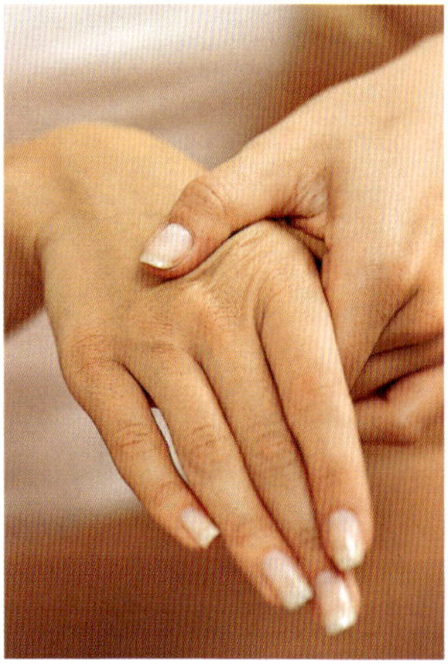

5 *Auf dem Handrücken mit dem Daumen kreisend reiben.*

tipp:

Gehirn-Relax

Bei Stress wieder vor Aufregung die Nagelhäutchen angeknabbert? Das sieht nicht nur ungepflegt aus, sondern Sie stimulieren dadurch auch ständig die Reflexzonen Ihres Gehirns – was Sie sicherlich noch nervöser macht! Abhilfe schafft ein Fingerbad, das heilend und beruhigend wirkt:

3 EL Mandelöl süß
3 EL Jojobaöl
1 Tropfen Kamille-römisch-Öl
1 Tropfen Lavendelöl
1 Tropfen Melissenöl
1 Tropfen Rosenöl

vermischen und die Finger 5 Minuten lang darin baden. Mit der Ölmischung können Sie anschließend auch Ihre Hände einreiben.

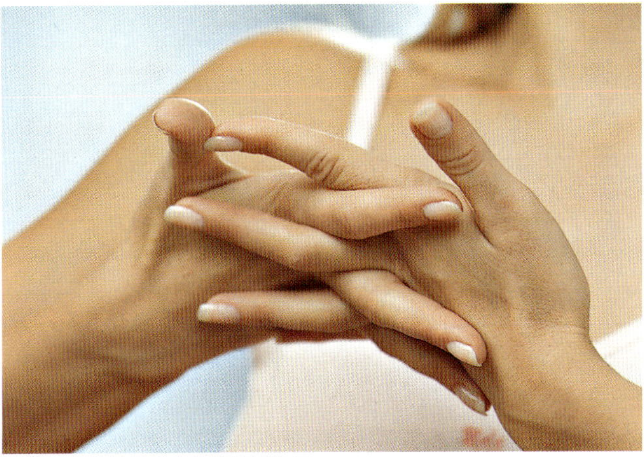

9 *Das ist Stretching für den ganzen Körper: Finger ineinander legen und abwechselnd sanft nach unten dehnen und wieder locker lassen.*

Sekunden und fahren dann mit dem Kreisen fort. Nachdem Sie die Rückenzone 15- bis 20-mal massiert haben, wechseln Sie zum Daumen der linken Hand.

7. Auch die vom vielen Tippen sehr beanspruchten Finger brauchen eine Relaxbehandlung. Außerdem befinden sich dort alle wichtigen Reflexzonen, die den Kopf betreffen: Zähne, Nebenhöhlen, Augen und das Gehirn. Kneten Sie deshalb sorgfältig jeden Finger einzeln von der Wurzel bis zur Spitze mit Daumen und Zeigefinger der freien Hand.

8. Zum Schluss dehnen Sie Ihre Finger und Hände, was gleichzeitig wie ein Stretching auf den ganzen Körper wirkt. Ziehen Sie erst leicht an jedem Finger.

9. Danach drehen Sie die Handflächen nach oben, legen die Finger beider Hände ineinander und dehnen die Handflächen, indem Sie die Handgelenke sanft nach unten ziehen. Locker lassen und das Dehnen noch 3-mal wiederholen.

... dann die Füße

Setzen Sie sich entspannt hin, und legen Sie den rechten Fuß auf den Oberschenkel des linken Beins.

1. Nehmen Sie den rechten Fuß in beide Hände – eine Hand liegt auf der Fußsohle, die andere auf dem Fußrücken. Streichen Sie nun mit schnellen Bewegungen und etwas Druck mit beiden Händen zugleich über den Fuß. Das macht ihn schön warm und regt die Reflexzonen an.

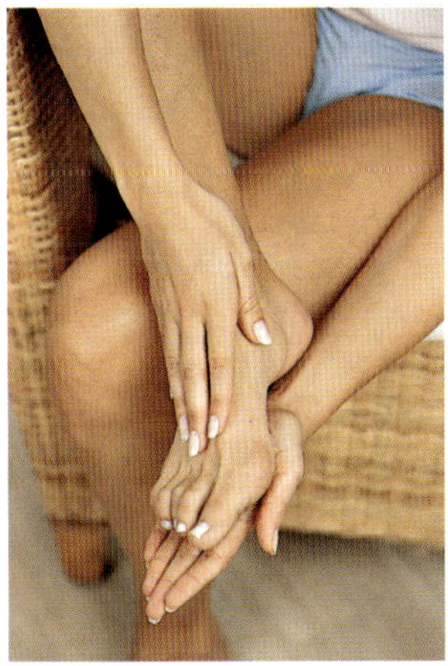

1 *Bequem hinsetzen, einen Fuß in beide Hände nehmen und kräftig ausstreichen.*

2. Greifen Sie nun beherzt zu und verabreichen Sie Ihrem Fuß eine kräftige Knetkur.
3. Stabilisieren Sie Ihren Fuß mit beiden Händen, und legen Sie beide Daumen auf die Fußsohle. Reiben Sie nun mit beiden Daumen gleichzeitig 20 Kreise in die Haut. Auf den Fußsohlen (und Handflächen) befinden sich die Reflexzonen aller wichtigen inneren Organe, denen Sie nun einen intensiven Energiekick verleihen.
4. Danach streichen Sie mit beiden Daumen über Ihre Zehen, und zwar mit Druck vom Grundgelenk zur Zehenspitze und wieder zurück. Jeder Zeh braucht mindestens drei Streichungen.
Das wirkt auf den gesamten Kopfbereich ausgleichend, da sich an den Zehen die Reflexzonen des Gehirns, der Gesichtsnerven, Zähne, Augen und Nebenhöhlen befinden.
5. Zupfen Sie die Schwimmhäute zwischen den Zehen – wie bei der Handmassage. Wiederholen Sie das Zupfen insgesamt 3-mal. Bei chronischer Anspannung ist die Lymphe oft gestaut – mit diesem Griff fließt sie wieder.
6. Zum Schluss streichen Sie den Fuß mit einem Handgriff, den es nur in der Reflexzonenmassage gibt: An der Innenkante des Fußes streichen Sie von den Zehen abwärts in Richtung Ferse, während Sie mit der anderen

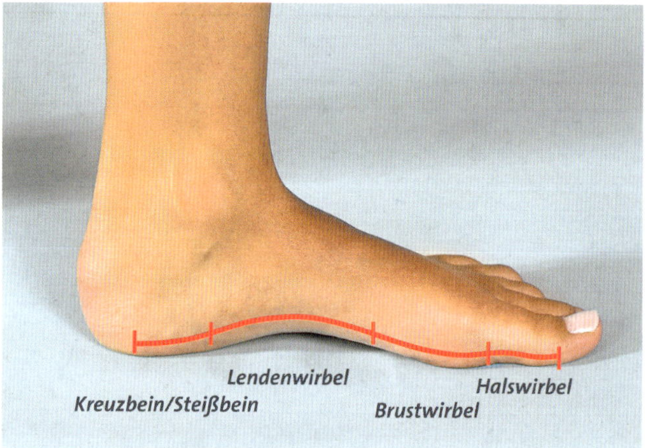

Die Wirbelsäulenzonen der Füße liegen entlang der Fußinnenseite: beginnend mit der Halswirbelzone zwischen den Gelenken des großen Zehs folgen die weiteren Wirbelsäulenabschnitte wie abgebildet.

tipp:

ROSEN-FUSSBAD

Samtig weiches Sahnewasser mit betörendem Rosenduft macht superschöne Haut und beruhigt die Fußreflexzonen.

1 Tasse süße Sahne
2 Tropfen Rosenöl
2 Tropfen Rosenholzöl
2 Tropfen Rosengeranienöl

Die ätherischen Öle in die Sahne träufeln, umrühren, in eine Schüssel gießen und warmes Wasser hineinlaufen lassen. Füße zehn Minuten lang darin baden.

Hand gleichzeitig an der Außenkante des Fußes von der Ferse in Richtung Zehen streichen. Diese besondere Grifftechnik unterstützt den natürlichen Energiefluss, denn an der Körperinnenseite fließt die Energie von den Füßen zum Kopf und an der Körperaußenseite vom Kopf zu den Füßen hin.

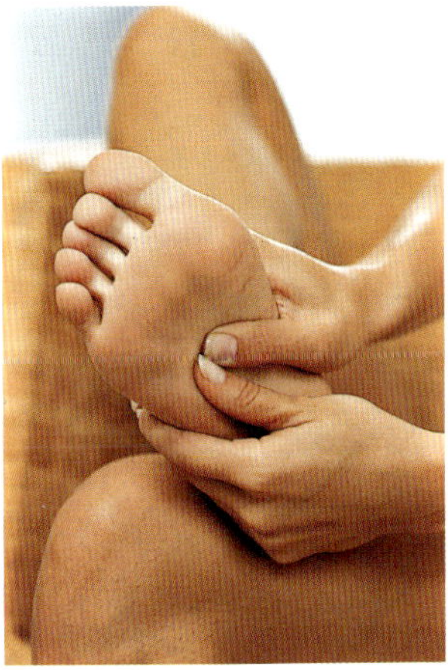

3 *Zwanzig Kreise pro Fuß sollten es schon sein!*

Die Massage des rechten Fußes dauert etwa 5 Minuten, dann wechseln Sie zum linken Fuß.

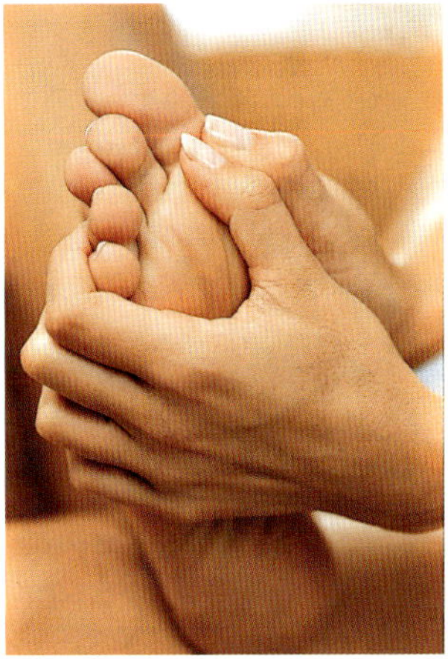

4 *Jeder Zeh braucht mindestens drei Streichungen.*

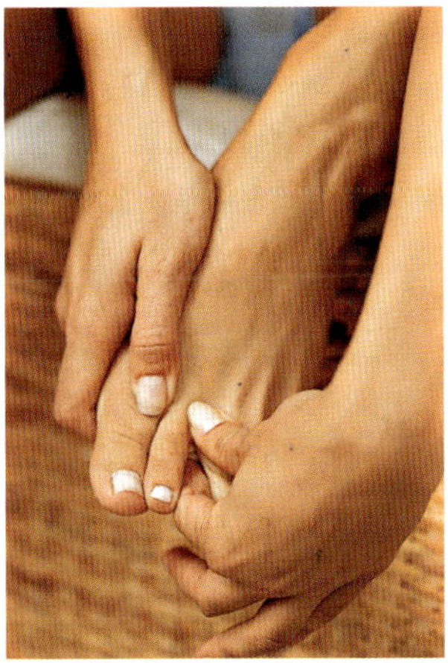

5 *Mit diesem Griff fließt die Lymphe wieder.*

info:

Fuss-Show

Gesunde Füße sind nicht nur ein Hingucker, sie sind auch schmerzfrei, gut durchblutet, warm und elastisch. Allerdings kann selbst der schönste Fuß Hinweise auf Störungen im Innenleben unseres Körpers geben, und zwar über die Reflexzonen.

Ganz offensichtlich werden Störungen, wenn bei den Füßen spür- und sichtbar einiges nicht stimmt: Sind sie häufig kalt, in ihrer Beweglichkeit eingeschränkt, oder zeigen sich Fußpilz, Hühneraugen, Schrunden, Hallux Valgus (X-Großzehe), dann kann das auf Schwächen im Körper oder sogar auf Krankheiten hinweisen.

Umgekehrt geht es aber genauso: Werden die Füße häufig in sehr enge und unbequeme Schuhe gesteckt, kann dieser Fußstress organische Beschwerden hervorrufen. Deshalb: Superschicke Highheels nie als Dauer-Laufwerke tragen, sondern nur dann, wenn Sie nicht viel laufen oder stehen müssen.

Ayurveda-Ölmassage

In fast allen Spas liegen ayurvedische Massagen voll im Trend. Kein Wunder, denn sie wirken wunderbar entspannend. Die »Technik der liebevollen Hände« gehört zum Standardprogramm der altindischen Gesundheitslehre und wird von zwei Therapeuten gleichzeitig ausgeführt: Vier Hände massieren in perfektem Gleichklang warmes Öl in Haut und Haare – eine absolute Wohltat mit Suchteffekt. Aber auch für die eigenen zwei Hände kennt der Ayurveda eine Variante der Ölmassage, die äußerst wohltuend wirkt.

Ölkur mit Tiefenwirkung

Nach ayurvedischer Auffassung sind Ölmassagen deshalb so gesund, weil dadurch die Körperfunktionen gestärkt werden:

- Sie stimulieren die Organe und die Lymphe fließt besser.
- Sie wirken reinigend und entschlackend, da Giftstoffe und Schlacken gelöst und abtransportiert werden.
- Und sie nähren die Haut, machen sie streichelzart und straffen das Bindegewebe.
- Außerdem bringen Ölmassagen die »Doshas« Vata, Pitta und Kapha wieder ins Gleichgewicht. Diese drei Lebensenergien sind in jedem Menschen in unterschiedlicher Gewichtung vorhanden. Dauerstress bringt die Doshas nachhaltig aus dem Gleichgewicht. Als Ausgleich empfiehlt der Ayurveda

info:

Welcher Ayurveda-Typ sind Sie?

Der luftig- lockere Vata-Typ:

Schmaler, feingliedriger Körperbau; eher trockene, spröde Haut; energiegeladen und sensibel. Zu viel Hektik, aber auch sehr windiges Wetter führt bei Vata-Menschen zu Stress, Nervosität sowie Schlaf- und Verdauungsstörungen.
➤ Wichtig: Regelmäßig essen und relaxen!

Der hitzig-leidenschaftliche Pitta-Typ:

Schlanker Körper; empfindliche, zu Rötungen neigende Haut; ehrgeizig, kämpferisch, rational. Überforderung, große Hitze und schwüles Wetter verstärken Pitta, was diese Menschen dann hektisch und aggressiv macht.
➤ Wichtig: Auch mal Nein sagen können, um Überforderung zu vermeiden!

Der gemächlich-ruhige Kapha-Typ:

Kräftiger Körperbau; öliger Teint; ruhig, bodenständig, ausdauernd. Unterforderung und feuchtkalte Witterung verstärken Kapha: Lethargie und Übergewicht sind oft die Folge.
➤ Wichtig: Geistig und körperlich aktiv bleiben!

neben regelmäßigen Massagen auch Meditation, Yoga und eine typgerechte Ernährung (Buchtipp Seite 46).

Mit Haut und Haaren wohl fühlen

Zugegeben: Diese Massage ist eine sehr ölige Angelegenheit. Dafür ist sie aber supersinnlich und absolut pflegend für Haut und Haare. Danach nehmen Sie ohnehin eine Dusche oder steigen genüsslich in die Wanne.

➤ Sparen Sie also nicht mit dem Öl. Erwärmen Sie es im Wasserbad, und verteilen Sie es verschwenderisch auf Ihrem ganzen Körper, auch in den Haaren.

Typgerechte Öle bringen die Doshas ins Gleichgewicht und machen streichelzarte Haut. Seien Sie ruhig verschwenderisch beim Einölen.

Zuerst der Kopf ...

1. Zunächst massieren Sie das warme Öl in kreisenden Bewegungen wie ein Shampoo auf die Kopfhaut – von der Stirn langsam zu den Ohren hin.
2. Dann neigen Sie den Kopf nach vorn und verteilen noch etwas Öl auf dem Haaransatz im Nacken. Massieren Sie wieder langsam kreisend zu den Ohren hin.
3. Danach werden beide Ohren gleichzeitig massiert, und zwar mit sanften Auf- und Abwärtsbewegungen von Daumen und Zeigefingern.
4. Nun streichen Sie von der Stirnmitte mit den Fingerspitzen nach außen zu den Schläfen hin. Dort führen Sie kreisende Bewegungen aus.
5. Ihre Finger kreisen dann über die Wangen bis zum Kinn. Von dort streichen die Finger links und rechts auseinander Richtung Ohren.
6. Danach legen Sie beide Zeigefinger jeweils seitlich an die Nase und massieren dort sanft auf und ab.

7 *Den Nacken mit sanften Auf- und Abwärtsbewegungen massieren.*

10 *Reiben Sie reichlich Öl in großzügigen Kreisen aufs Dekolleté: Das macht nicht nur die Haut schön, sondern vertieft auch die Atmung.*

… dann Nacken und Arme

7. Ihre eingeölten Hände liegen links und rechts auf den Schultern und streichen mit etwas Druck Richtung Haaransatz auf und ab. Vorn am Hals streichen Sie sanft von der Brust zum Kinn hin.

8. Für die Armmassage beginnen Sie am rechten Handgelenk mit kreisenden Bewegungen. Dann streichen Sie über den Unterarm mit kräftigen Auf- und Abwärtsbewegungen. Am Ellbogen kreisen Sie wieder, danach folgen die Streichungen des Oberarms. Am Schultergelenk massieren Sie noch mal kreisend.

9. Dann umfassen Sie jeden Finger einzeln und streichen langsam von den Fingernägeln zum Fingergelenk und wieder zurück.
Mit den gleichen Grifftechniken massieren Sie danach Ihren linken Arm.

… anschließend Brust, Bauch und Po

10. Auf Dekolleté und Brust reiben Sie Kreise in die Haut.

13 *Im Sitzen werden die Beine massiert: an den Gelenken sanft kreisend, an den Muskeln kräftig auf- und abwärts streichend.*

Auf dem Brustbein führen Sie sanfte Auf- und Abwärtsbewegungen aus.

11. Kreisen Sie mit Ihrer rechten Handfläche großflächig im Uhrzeigersinn auf dem Bauch. Danach kreisen Sie auch mit der linken Hand.

12. Im Stehen legen Sie Ihre Handflächen auf den unteren Teil Ihres Rückens. Streichen Sie mit kräftigen Auf- und Abwärtsbewegungen über Rücken und Po.

... zum Schluss Beine und Füße

13. Bequem im Sitzen massieren Sie erst das rechte, dann das linke Bein: an den Gelenken mit kreisenden Bewegungen und an den Muskelflächen mit kräftigen Auf- und Abwärtsstrichen.

14. Dann legen Sie Ihren rechten Fuß auf den linken Oberschenkel und legen eine Hand auf den Fußrücken, die andere auf die Fußsohle. Streichen Sie mit raschen Bewegungen von den Zehenspitzen zum Sprunggelenk und wieder zurück.

15. Massieren Sie jeden Zeh einzeln mit kleinen Auf und Abwärtsstreichungen Ihrer Daumen. Abschließend ziehen Sie leicht an jedem Zeh.

Die gleichen Handgriffe führen Sie auch an Ihrem linken Fuß aus.

tipp:

TYPGERECHTE ÖLE

- Sehr hautpflegend und ausgleichend auf das **Vata**-Dosha wirkt ein speziell behandeltes, »gereiftes« Sesamöl (finden Sie in Reformhäusern und Bioläden). Als ätherische Ölzusätze eignen sich Zimt, Geranie, Jasmin, Rose oder Sandelholz.

- Der **Pitta**-Typ braucht ein hochwertiges Kokosöl, das seine empfindliche Haut beruhigt und einen kühlenden Einfluss auf sein Dosha ausübt. Als ätherische Öle geeignet sind Kamille, Lemongrass, Melisse und Rosenholz.

- Süßes Mandel- oder Jojobaöl bringt einen **Kapha**-Menschen in Schwung und mildert seine Tendenz zu öliger Haut. Folgende ätherische Öle wirken ebenfalls ausgleichend: Eukalyptus, Zeder, Weihrauch, Salbei und Patschuli.

Relax-Massagen für zwei

Einfach loslassen!

Egal ob auf europäische, asiatische oder hawaiische Art – sobald Sie mit Ihren Händen einen anderen Körper berühren, über seine Konturen streichen, die Haut kneten und reiben, entstehen tiefe Relaxgefühle und intensive Wohlfühlerlebnisse. Partnermassagen sind ein Fest für die Sinne – genießen Sie's!

Klassisch gut:
Schwedische Massage

Für uns Europäer ist die Anfang des 19. Jahrhunderts entwickelte Massage des Schweden Per Henrik Ling der Klassiker. Seine Behandlungsmethode zählt auch heute noch zu den wichtigsten und wirksamsten Heilbehandlungen überhaupt. Die grundlegenden Grifftechniken und Relax-Effekte dieser Massageart haben Sie bereits im ersten Kapitel kennen gelernt.

Rücken-Relax

Ist Ihr Rücken oft eine einzige Problemzone? Dann leiden Sie vermutlich an Bewegungsmangel oder haben zu lange Zeit in falschen Körperhaltungen verbracht. Denn stundenlanges Sitzen vor dem Computer, in Meetings, im Auto oder Flugzeug macht selbst den stärksten Rücken schwach. Manchmal ist auch Psychostress der Grund dafür, dass es im Rücken zu schmerzhaften Muskelverspannungen kommt. Natürlich lassen sich mit einer Rückenmassage keine Probleme aus der Welt schaffen – doch sie ist immerhin ein effektiver Spannungslöser.

Bevor Sie mit dem Massieren beginnen …

- Mit einem kleinen Kissen unter Füßen und Brustkorb wird die Bauchlage einfach bequemer.
- Um die Rückenmuskeln schön warm zu machen, legen Sie ein angewärmtes Handtuch plus Wärmflasche oder Heizkissen auf den Rücken. Mit einer warmen Decke hüllen Sie den ganzen Körper ein paar Minuten lang ein.
- In der Zwischenzeit erwärmen Sie das Massageöl und legen schöne Entspannungsmusik auf.

info:

RÜCKENSTÄRKER

Um regelmäßiges Körpertraining kommen Sie trotz Rückenmassagen auf Dauer nicht herum. Denn als Prophylaxe gegen Kreuzschmerzen braucht Ihre Rückenmuskulatur unbedingt Kräftigung.

Gut ausgebildete Muskelstränge am Rücken können nicht nur anatomische Fehlstellungen der Wirbelsäule ausgleichen, sondern auch abgenutzte Bandscheiben und ein Hohlkreuz kompensieren. Wenn Sie täglich nur 15 Minuten Dehn- und Kräftigungsübungen machen, bringt das schon einiges.

Um nicht zu schnell zu ermüden, benötigen die Rückenmuskeln außer Kraft auch Ausdauer. Optimal sind dafür alle Sportarten, bei denen die Beine bewegt und damit automatisch die Lendenmuskeln beansprucht werden. Radfahren, Schwimmen, Joggen und Walken sind dafür bestens geeignet (Buchtipps Seite 46).

Für beste Relax-Erfolge: weiche Decke, Wärmflasche, Öl und Musik ...

Zuerst streichen ...

1. Ehe Sie Hautkontakt aufnehmen, verreiben Sie einen Esslöffel warmes Massageöl in Ihren Händen.

2. Legen Sie beide Hände sanft auf den unteren Rücken links und rechts neben der Wirbelsäule. Beugen Sie Ihren Oberkörper leicht nach vorn, um mehr Druck auf Ihre Hände zu bringen.

3. Nun streichen Sie mit beiden Händen langsam und mit gleich bleibendem Druck aufwärts in Richtung Nacken.

4. Von dort ziehen Sie Ihre Hände in einer fließenden Bewegung seitlich über die Schultern auseinander und lassen sie sanft an den Körperkonturen abwärts gleiten.

5. Lassen Sie Ihre Hände zurück zur Ausgangsposition gleiten, und streichen Sie wieder nach oben Richtung Nacken.

➤ Wiederholen Sie diese Streichungen mindestens 10-mal.

tipp:

Entspannungshelfer

Um harte Rückenmuskeln schön weich zu machen, hilft ein Massageöl, das durchblutungsfördernd und spannungslösend wirkt:

50 ml Mandelöl
8 Tropfen Rosmarinöl
4 Tropfen Salbeiöl

... dann kneten ...

Starten Sie die anschließende Knetkur sanft, um Ihren Partner auf die intensivere Grifftechnik einzustimmen. Danach können Sie den Druck etwas steigern und beherzter zugreifen.

6. Beide Hände liegen auf dem rechten Hüftbereich. Dort fassen Sie eine größere Hautfalte und kneten diese

3 *Für erste Kontakte: Hände sanft auflegen und langsam nach oben streichen.*

wie Kuchenteig: Pressen, drücken und rollen Sie das fleischige Muskelgewebe immer wieder mit den Fingern.

7. Arbeiten Sie sich auf diese Weise langsam aufwärts entlang der Körperkonturen vor.

8. Am Rand des Schulterblatts angekommen, lassen Sie beide Hände wieder sanft zurück zur Hüfte gleiten und wiederholen die Knetkur insgesamt 3-mal.

➤ Anschließend widmen Sie sich der linken Rückenpartie.

9. Danach kneten Sie 3-mal beide Körperseiten gleichzeitig von der Taille aufwärts bis zum Schulterblatt.

10. Beim letzten Knetdurchgang lassen Sie Ihre Hände sanft über die Schulterblätter gleiten und kneten dann die

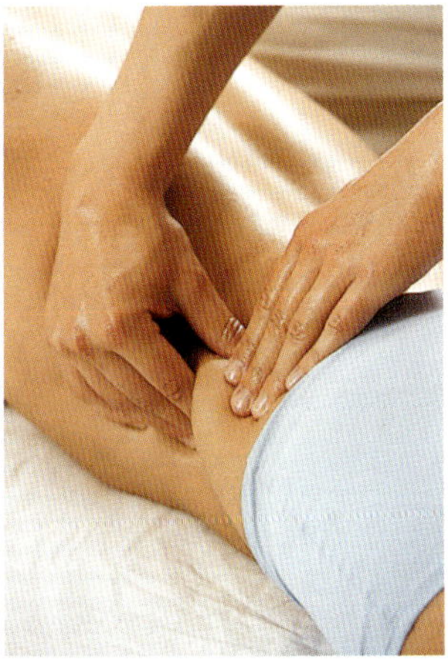

6 *Das regt an: Die Muskeln an den Hüften dürfen ruhig kräftig geknetet werden.*

Muskelpakete auf den Schultern mit beiden Händen gleichzeitig.

11. Danach widmen Sie sich diesem Bereich noch intensiver, indem Sie mit beiden Händen nur die rechte Schulter, dann die linke Schulter kneten.

12. Zum Schluss führen Sie eine beruhigende, mit kräftigem Druck ausgeführte Streichung aus: Vom unteren Rücken streichen Sie mit vorgebeugtem Oberkörper nach oben zu den Schultern und lassen dann Ihre Hände wieder sanft zurückgleiten. Wiederholen Sie diese intensive Streichung insgesamt 5-mal.

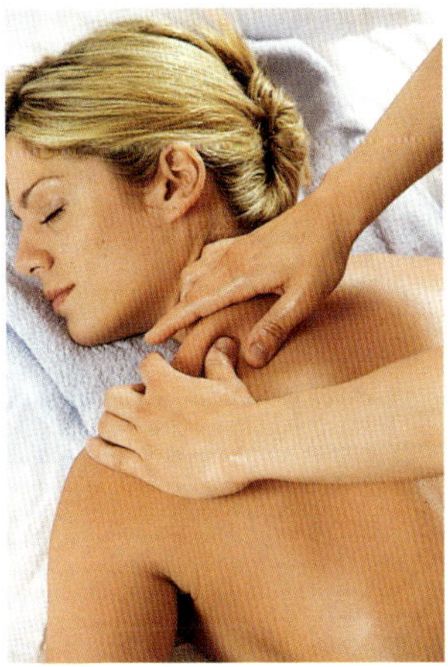

11 *Intensiv-Relax: Jede Schulter mit beiden Händen kneten.*

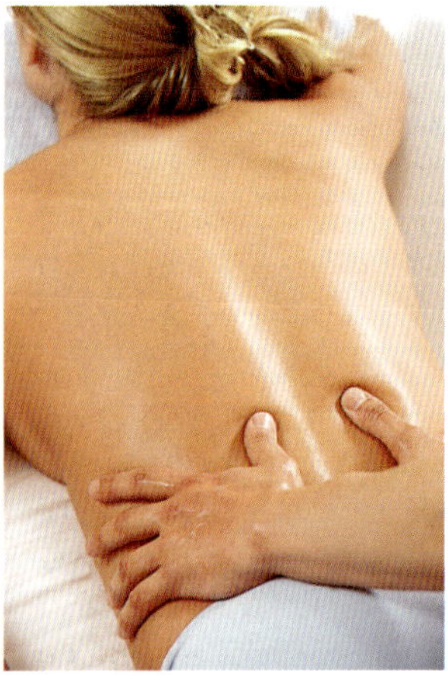

14 *Macht harte Muskeln weich.*

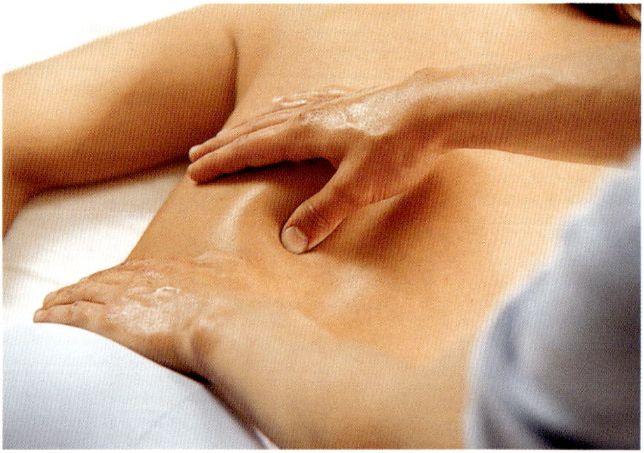

16 *Intensiv: Eine Hand massiert, die andere bleibt in Hautkontakt.*

… und reiben

Nun brauchen Sie besonders viel Fingerspitzengefühl und Aufmerksamkeit. Denn sobald Sie mit Ihren Daumen eine harte Stelle im Muskelgewebe aufspüren, wird Ihr Partner eindeutig reagieren. Wenn's wehtut, verringern Sie den Druck ein wenig und massieren dieses Gebiet etwas sanfter weiter.

13. Legen Sie beide Daumen links und rechts der Wirbelsäule auf die Haut. Beugen Sie sich leicht nach vorn, so dass automatisch etwas mehr Druck auf Ihre Daumen kommt.

14. Reiben Sie nun mit beiden Daumen gleichzeitig kleine Kreise auf die Haut. Arbeiten Sie sich durch spiralförmiges Kreisen langsam in Richtung Schultern vor.

15. Am Nacken angekommen, legen Sie Ihre Hände flach auf und lassen sie wieder sanft abwärts gleiten.

➤ Wiederholen Sie diesen Ablauf (13 bis 15) insgesamt 3-mal.

Jetzt's wird noch intensiver! Denn Sie massieren jede Seite extra, und zwar erst die rechten, dann die linken Muskelstränge seitlich der Wirbelsäule.
Erforschen Sie dabei jeden Zentimeter Muskelgewebe, und spüren Sie nach, ob sich kleine Muskelhärten ertasten lassen. Wenn ja, reiben Sie zunächst um das Gebiet herum, kommen aber zum Zentrum der Verspannung zurück. Nach einer Weile wird das Gewebe weicher.

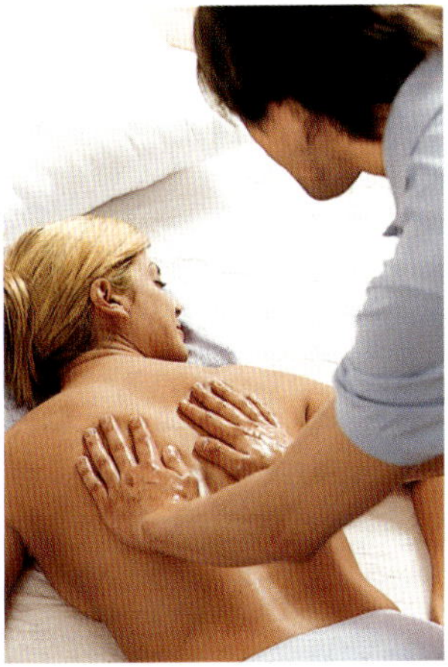

20 *Zum Abschluss ausstreichen.*

16. Legen Sie eine Hand immer auf die noch zu massierende Stelle, ohne sich jedoch darauf abzustützen. Mit dem Daumen der anderen Hand reiben Sie kleine Kreise auf die Haut.

17. Um vom unteren Rücken zum Nacken zu gelangen, reiben Sie kurz spiralförmig weiter und kreisen dann wieder auf der Stelle …

18. Vom Nacken aus lassen Sie beide Hände sanft zurückgleiten und führen die Reibungen noch 3-mal aus.

19. Danach wechseln Sie zur linken Körperseite und massieren dort ebenfalls mit gegengleichen Handgriffen.

20. Beenden Sie die Rückenmassage mit insgesamt 10 Streichungen, und zwar vom unteren Rücken nach oben mit starkem, beim Zurückgleiten mit sanftem Druck.

Und dann nachruhen

Damit die Massage gut nachwirken kann, bedecken Sie den Rücken mit einem angewärmten Handtuch, legen die Wärmflasche oder ein Heizkissen darauf und umhüllen den Körper mit einer Decke. So kann Ihr Partner noch eine Weile ruhen und die Relax-Effekte genießen.
Das Nachruhen ist wichtig, weil sich die Entspannung dadurch nachhaltig vertieft. Kein Wunder, wenn Ihr Partner einschläft: Das angenehme Schweregefühl plus die wohlige Wärme wirken wie eine natürliche Einschlafhilfe.

tipp:

IMMER SCHÖN LOCKER BLEIBEN!

Sitzen Sie tagsüber viel? Dann brauchen Sie Ausgleich und Entlastung für den Rücken:

➤ Stehen Sie zwischendurch immer mal wieder auf und strecken Sie sich: Arme hoch, auf die Zehenspitzen stellen und tief einatmen. Beim Ausatmen Arme fallen lassen, in die Knie gehen und den Kopf baumeln lassen. Mindestens 3-mal wiederholen.

➤ Erledigen Sie im Büro möglichst viele Dinge im Stehen, zum Beispiel Telefonate.

➤ Auch die Schulterpartie braucht Lockerung: Rollen Sie öfter mal Ihre Schultern vor und zurück (jeweils 10-mal). Dann die Schultern bis zu den Ohren hochziehen und ruckartig fallen lassen. Je öfter, desto besser!

Energetisch wertvoll:
Shiatsu fürs Büro

Hypernervös durch ständige Termine und Telefonate? Oder völlig ausgepowert und erschöpft nach einem anstrengenden Meeting? Jetzt würde eine Massage wahre Wunder wirken. Manche Firmen bieten ihren Mitarbeitern diesen besonderen Wohlfühl-Service: Ein Masseur kommt ins Büro und sorgt dort für wohlverdiente Relax-Pausen. Doch was tun, wenn es diesen Luxus in Ihrem Büro nicht gibt? Ganz einfach: Die Mitarbeiter legen selbst Hand an, denn mit ein paar gekonnten Griffen lassen sich Bürostress wegmassieren und ein müder Geist wieder auf Trab bringen.
Wie? Mit einer Shiatsu-Massage, die ohne großen Aufwand gleich am Schreibtisch gemacht werden kann und sicher in jeden Terminkalender passt.

tipp:

Energie muss fliessen

Die aus Japan stammende Massagevariante hat eine uralte Tradition. Sie geht davon aus, dass der Körper von unsichtbaren Energiebahnen, den Meridianen, durchzogen ist. In ihnen fließt das Ki, unsere Lebensenergie. Und die muss frei fließen können, damit im Körper Harmonie und Ausgeglichenheit herrscht.

Stress verursacht hingegen ein energetisches Ungleichgewicht – das Ki ist gestaut, fließt zu schwach oder zu stark. Die Folge: Man fühlt sich unwohl, ist gereizt, nervös und wird sogar krank.

Damit es gar nicht so weit kommt, hilft eine Massage der Meridiane und bestimmter Punkte (Tsubos), die sich auf diesen Energiebahnen befinden.

Sensible Effekte

Damit die Energie (Ki, siehe Kasten) wieder frei fließen kann, massiert man im Shiatsu die Meridiane in ihrem Verlauf mit Streichungen. Bestimmte Punkte – Tsubos genannt –, die sich auf den Meridianen befinden, sind zusätzliche Wirkungsverstärker. Diese werden mit Druck der Daumen oder Fingerknöchel aktiviert.
Die Tsubos selbst, aber auch die Meridiane können schmerzhaft reagieren, wenn im Organismus ein energetisches Ungleichgewicht besteht. Etwa bei Stress. Gerade dann wirkt eine Shiatsu-Massage aber wunderbar ausgleichend:

- Stauungen im System der Energiebahnen lösen sich auf,
- zu langsames Strömen des Ki wird beschleunigt,
- ein zu turbulentes Fließen wird beruhigt.

So können beispielsweise Spannungskopfschmerzen und Nervosität zum Verschwinden gebracht werden.

Eine Shiatsu-Massage im Büro! Das vertreibt Stress und macht fit.

Völlig relaxt am Schreibtisch

Was Workaholics und Computerfreaks besonders gut tut, ist eine Behandlung von Schultern und Nacken. Denn nach einem 8- bis 10-Stunden-Tag sind die Muskeln gerade in diesem Bereich oft schmerzhaft verspannt und der Energiefluss blockiert.

Die Vorbereitung

… ist ganz einfach: Für die anschließende Massage ist kein Öl notwendig, und Sie dürfen dabei auch vollständig bekleidet bleiben. Wichtig sind nur zehn Minuten Zeit plus eine nette Arbeitskollegin oder ein Arbeitskollege. Dann nur noch das Telefon leise stellen, die Mailbox einschalten, gegebenenfalls die Krawatte lockern, sich aufrecht und bequem auf dem Bürostuhl hinsetzen – und schon kann's losgehen!

Zuerst in Gedanken

Beginnen Sie mit einer gedanklichen Energieübertragung. Denn beim Shiatsu wird nicht nur die Heilkraft der Berührung, sondern auch die der Gedanken genutzt.

1. Legen Sie beide Hände links und rechts auf die Schultern und lassen Sie sie dort ein paar Sekunden ruhen. Stellen Sie sich dabei vor, wie Wärme und Energie aus Ihren Händen in den Körper Ihres Massagepartners fließen.

Die Schultern kneten …

2. Kneten Sie nun ganz langsam und sanft die Schultermuskeln mit beiden Händen gleichzeitig.

Danach können Sie etwas kräftiger kneten, aber nur so intensiv, wie es ohne schmerzhafte Reaktion möglich ist.

3. Nach einer Weile kneten Sie abwechselnd jede Schulter einzeln mit beiden Händen, zuerst die rechte, dann die linke Schulterseite.

... dann reiben ...

4. Reiben Sie nun mit den Fingerspitzen einer Hand kleine Kreise auf die rechte Schulterseite, während Sie die andere Hand auf der linken Schulter ruhen lassen. Beginnen Sie mit den Kreisen am Ansatz des Nackens und arbeiten Sie sich langsam spiralförmig bis zum Schultergelenk vor. Von dort lassen Sie Ihre Finger leicht zurückgleiten und wiederholen das spiralförmige Reiben. Steigern Sie bei jedem Durchgang den Druck ein wenig.
Führen Sie die Reibung 6-mal aus, und wechseln Sie dann zur linken Schulter.

5. Danach legen Sie beide Unterarme auf die Schultern. Lehnen Sie sich ein wenig nach vorn, so dass etwas Druck auf Ihre Unterarme kommt.

6. Streichen Sie dann mit beiden Unterarmen zugleich auf den Schultermuskeln vor und zurück – ganz schnell und in gleichmäßigem Rhythmus. Wiederholen Sie diese Streichung mindestens 10-mal.

... und drücken

Nun drücken Sie mit beiden Daumen gleichzeitig die Tsubos, die sich links und rechts entlang der Schultern befinden (siehe Foto 7). Wiederholen Sie den folgenden Ablauf 3-mal.

7. Beginnen Sie mit den beiden Punkten am Ansatz des Nackens und halten Sie die Punkte etwa 30 Sekunden lang gedrückt.

8. Dann legen Sie Ihre Daumen etwa zwei Zentimeter weiter Richtung Schultermitte auf und üben auch dort wieder 30 Sekunden lang kräftigen Druck aus.

9. Kurz vor dem Schultergelenk befindet sich der letzte Punkt auf beiden Schultern.

Zum Schluss

Am Ende der Massage gibt's wieder einen Energie-Kick mittels Gedankenkraft.

10. Umfassen Sie mit der rechten Hand den Nacken Ihres Massagepartners, während Sie die linke Hand sanft auf seine Stirn legen.

11. Atmen Sie ein paar Mal tief ein und aus, und schließen Sie Ihre Augen. Bitten Sie auch Ihren Massagepartner, die Augen zu schließen.

12. Stellen Sie sich nun vor, wie heilsame Wärme und Energie durch Ihre Hände strömt.
Nach etwa 30 Sekunden beenden Sie den Hautkontakt.

tipp:

MOBILE MASSAGEDIENSTE

In fast allen Großstädten gibt es mittlerweile professionelle Massagedienste. Einfach anrufen, Termin ausmachen, und der Masseur kommt mit einem speziellen Stuhl oder einer Klappliege zu Ihnen ins Büro oder nach Hause. Adressen Seite 46.

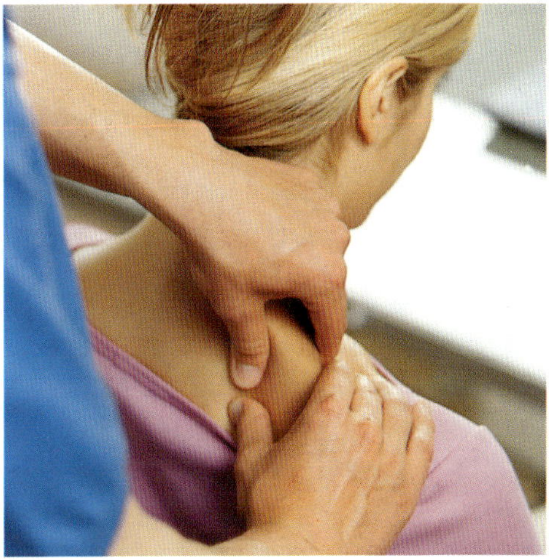

3 *Die Muskelpakete auf den Schultern kräftig durchkneten, denn die sind meistens sehr verspannt.*

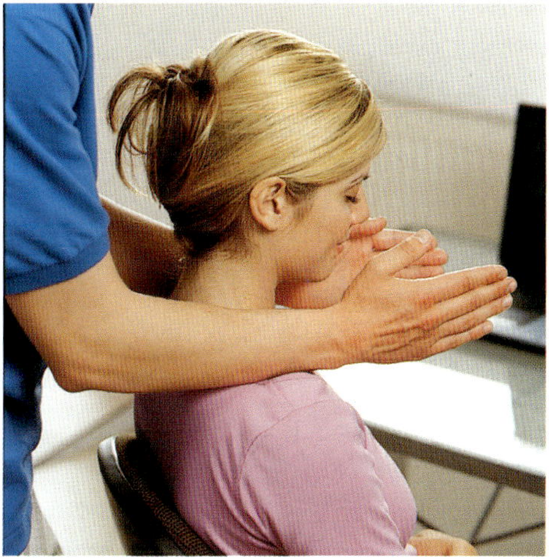

5 *Intensiv-Reibung mit den Unterarmen: Das regt die Durchblutung an und macht die Muskeln weich.*

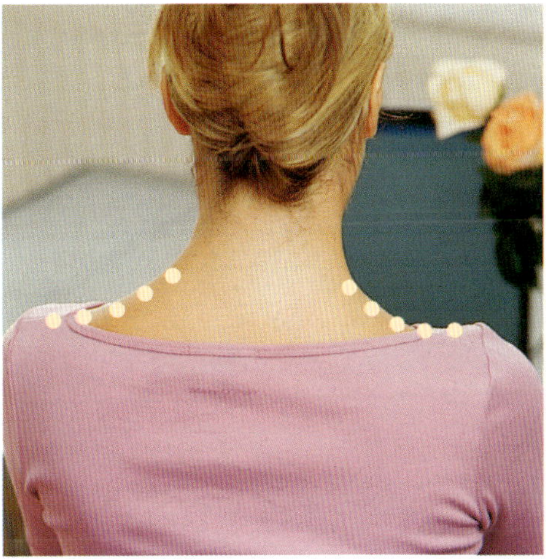

7 *Die Tsubos werden mit beiden Daumen gleichzeitig gedrückt. Energie kann dann wieder frei fließen.*

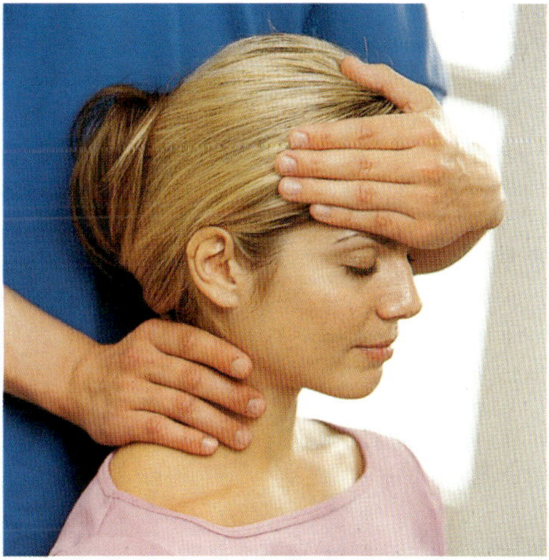

10 *Die rechte Hand im Nacken, die linke auf der Stirn: Das wirkt beruhigend und stärkend zugleich.*

Paradiesisch schön: die Tempelmassage Lomi Lomi Nui

Reif für die Insel? Kein Problem! Die traditionelle Streich- und Knetkunst aus Hawaii gilt als Geheimtipp unter Massage-Genießern. Kein Wunder, denn schon der Name verspricht ungeahnte Wonnen: Lomi ist der hawaiische Ausdruck für Massage und bedeutet »drücken, kneten, reiben«, aber auch »mit samtenen Pfoten einer zufriedenen Katze berühren«. Und wenn in dieser Sprache ein Wort verdoppelt wird, also Lomi Lomi, dann erhöht sich seine Bedeutung noch mal um ein Vielfaches.
Hinzu kommt das Wort Nui. Es steht für »wichtig, einzigartig, groß«. Frei übersetzt lernen Sie nun also eine großartige Superwohlfühl-Massage kennen.

Abtauchen ins Südsee-Feeling

Eine professionell durchgeführte Lomi-Lomi-Nui-Massage dauert etwa zwei Stunden. In dieser Zeit wird der Körper von Stress, Ängsten und Verspannungen befreit. Dazu vollführt der Masseur ein »intuitives Tanzritual« auf der Haut, das aus über hundert verschiedenen Massagegriffen besteht und ganz individuell auf die Bedürfnisse des Massierten zugeschnitten ist. Unterstützt durch hawaii-

tipp:

Im Hula-Rhythmus

Leise Südseeklänge im Hintergrund verstärken die entspannende Wirkung der Massage. Empfehlenswert sind:

- Hawaii-Traditional Hula
- The music of Hawaii

Die beiden CDs sind von Arc Music und können problemlos bei www.amazon.de bestellt werden.

sche Klänge (siehe Tipp), kann der Massierte völlig loslassen und sich dem Rhythmus der Bewegungen und Berührungen hingeben. Eine leichtere Variante der Hawaii-Massage stelle ich Ihnen nun vor – Relax- und Feel-good-Erlebnisse selbstverständlich inklusive!

Kurzversion – von Kopf bis Fuß

Lomi Lomi Nui ist eigentlich eine Ganzkörpermassage, bei der die Vorder- und Rückseite des Körpers behandelt wird. Da dies aber für Massage-Anfänger zu anstrengend ist, stelle ich Ihnen hier ein Kurzprogramm für die Körperrückseite vor.

➤ Ihr Partner liegt unbekleidet auf dem Bauch, und ein Baumwolllaken bedeckt die Körperstellen, an denen nicht massiert wird.

➤ Denken Sie daran: Lassen Sie jeden Massagegriff fließend in den nächsten übergehen, ohne den Hautkontakt zu verlieren.

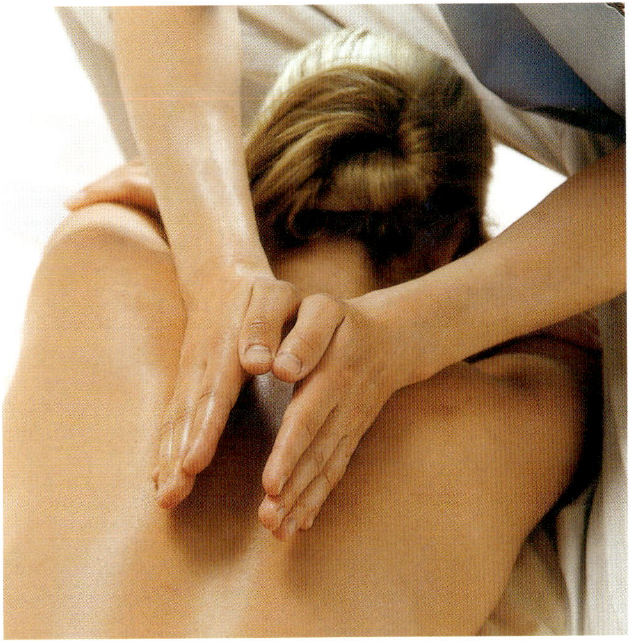

1 *Die pure Wohltat: Mit eingeölten Händen und Unterarmen vom Nacken aus nach unten über den Rücken und über die Arme streichen. Dann Hände flach auflegen und sanft über die Arme zurückgleiten.*

Zum Auftakt

1. Verreiben Sie warmes Massageöl auf Ihren Handflächen und Unterarmen. Streichen Sie mit Ihren eingeölten Händen und Unterarmen vom Nacken aus nach unten über die Schulterblätter, den Rücken und dann über die Arme.

Hinterkopf und Nacken

2. Mit den Fingerspitzen massieren Sie in kreisenden Bewegungen die Kopfhaut. Zunächst sanft, dann kräftiger kreisen.

3. Ballen Sie beide Hände zu Fäusten, setzen Sie sie im Nacken am Haaransatz an und schieben Sie sie mit einer

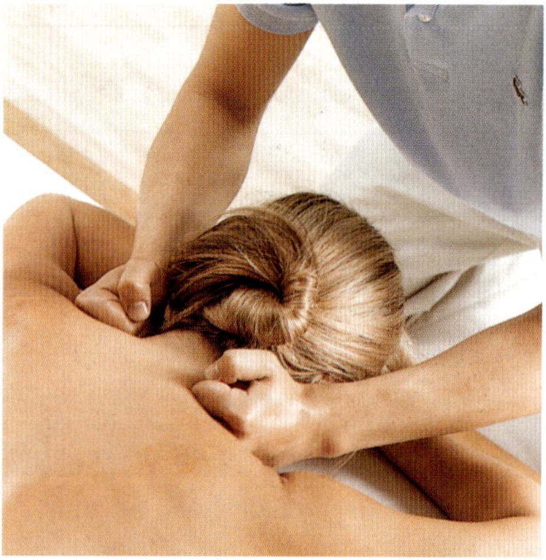

3 *Beide Fäuste sanft am Haaransatz anlegen und gleichzeitig zu den Schultern hin drehen.*

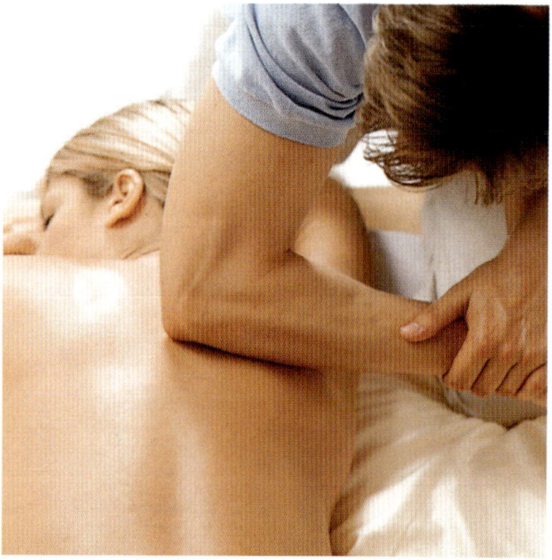

6 *Mit viel Gefühl: Den Unterarm sanft über die Muskeln gleiten lassen, am Schulterblatt leicht anheben.*

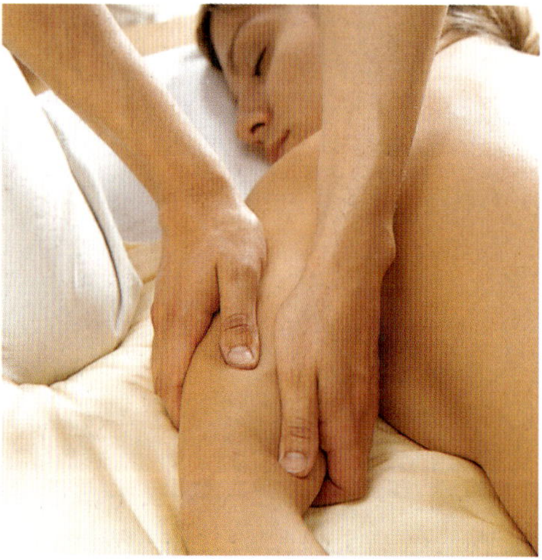

9 *Ober- und Unterarm mit den Daumen kreisend massieren, am Ellbogen nur mit federleichtem Druck.*

14 *Eine Wohltat für die Hände: Mit beiden Daumen gleichzeitig Kreise in die Handfläche reiben.*

Drehbewegung links und rechts den Nacken entlang Richtung Schultern.

4. Dort öffnen Sie Ihre Fäuste und gleiten mit den Handflächen wieder zurück zum Haaransatz.
Wiederholen Sie Schritt 3 und 4 insgesamt 3-mal.

Rücken

5. Streichen Sie langsam mit den Handflächen über die Schultern, den Rücken, das Kreuz und den Po. Lassen Sie Ihre Hände dann sanft zurück nach oben gleiten.

6. Streichen Sie mit der weichen Unterseite Ihres rechten Unterarms auf der rechten Rückenseite vom Nacken abwärts bis über den Po. Vorsicht an den Schulterblättern: Über diese dürfen Sie nur mit leichtem Druck gleiten.

7. Nun streichen Sie sanft mit beiden Handflächen über den Po – und links und rechts entlang der Wirbelsäule zurück nach oben.
Diese Streichungen führen Sie insgesamt 4-mal durch, bevor Sie auf die linke Rückenseite wechseln.

8. Zum Schluss wiederholen Sie die Streichungen von Schritt 5 insgesamt 6-mal.

Arme und Hände

9. Umfassen Sie den rechten Oberarm mit den Händen, und reiben Sie mit beiden Daumen gleichzeitig großzügige Kreise auf die Haut. Massieren Sie langsam abwärts, am Ellbogen nur mit federleichtem Druck, am Unterarm wieder kräftiger.

10. Dann gleiten Ihre Hände wieder sanft zurück nach oben. Wiederholen Sie 9 und 10 insgesamt 3-mal.

11. Danach reiben Sie nur mit dem rechten Daumen, während Sie die linke Hand ruhen lassen und nur nachgreifen, um weiter hinunter zu gelangen. Mit einer federleichten Berührung streichen Sie wieder nach oben (3-mal).

12. Jetzt massieren Sie mit dem linken Daumen, während die rechte Hand ruht und nachgreift (3-mal).

tipp:

Lomi-Massageöl

Auf Hawaii verwendet man für die Massage meistens ein Öl, das aus der Kukui-Nuss gewonnen wird. Dieses Öl gibt's allerdings nur per Internet (Adresse Seite 46). Die folgende Ölmischung wird ebenfalls von Lomi-Therapeuten empfohlen:

6 EL Erdnussöl
3 EL Kokosöl
3 EL Mandelöl

Sie können dieser Mischung noch ein paar Tropfen ätherisches Neroliöl hinzufügen. Neroliöl duftet zart nach Orangenblüten und wirkt entspannend, beruhigend und krampflösend.

13. Zum Schluss umfassen Sie mit beiden Händen das Handgelenk und streichen kräftig hinauf zu den Schultern – und sanft zurück.

14. Nehmen Sie nun die Hand Ihres Partners in Ihre Hände und reiben Sie mit beiden Daumen gleichzeitig Kreise auf die Handfläche.

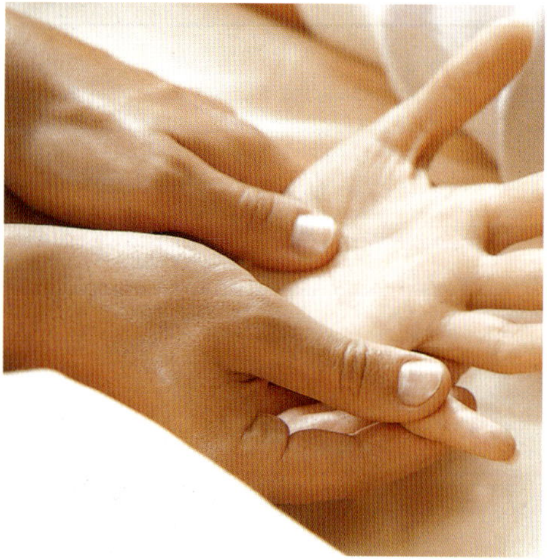

16 *Jetzt kommt jeder Finger einzeln dran: Sie werden sanft geknetet, gerieben und lang gezogen.*

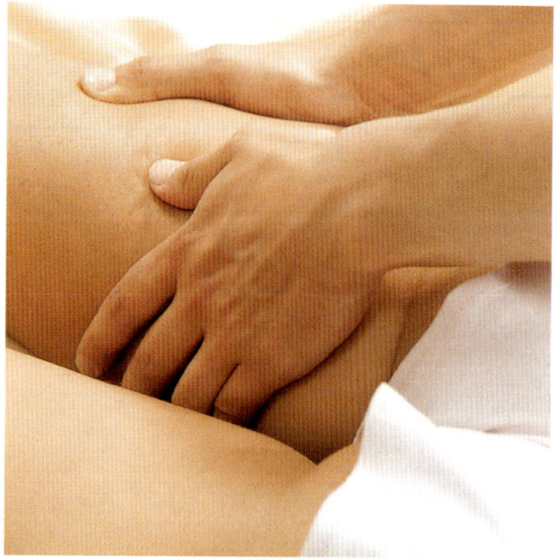

18 *Am Ober- und Unterschenkel mit beiden Daumen kräftig kreisen, in der Kniekehle nur federleicht.*

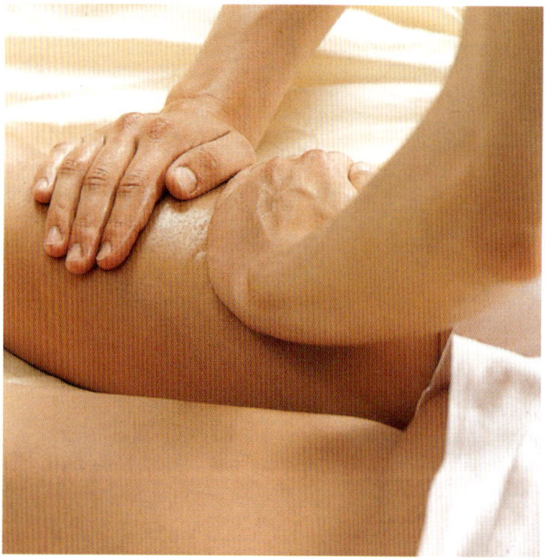

21 *In dieser Handstellung die Beine ausstreichen. Indem Sie sich vorbeugen, kommt Druck auf die Hände.*

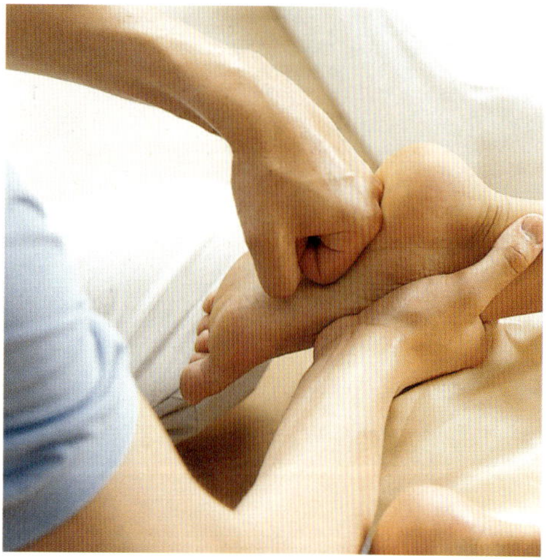

22 *Mit einer Hand den Fuß stabilisieren, mit der anderen, zur Faust geballten Hand ausstreichen.*

15. Zupfen Sie die Schwimmhäute zwischen den Fingern.
16. Massieren Sie jeden Finger einzeln, indem Sie ihn kneten, reiben und zur Fingerspitze hin ziehen.

➤ Anschließend massieren Sie den linken Arm. Danach bedecken Sie den Oberkörper mit dem Laken.

Beine und Füße

17. Verteilen Sie ausreichend Öl auf den Beinen und Füßen. Benutzen Sie dazu Ihre Handflächen und Unterarme.
18. Umfassen Sie den Oberschenkel des rechten Beines mit beiden Händen, und reiben Sie mit beiden Daumen großzügige Kreise auf die Haut. An den Kniekehlen üben Sie nur leichten Druck aus, dann reiben Sie mit kräftigem Druck auf den Unterschenkeln weiter.
19. Mit beiden Handflächen streichen Sie nach oben. 18 und 19 3-mal wiederholen.
20. Dann führen Sie die Reibungen zunächst mit dem rechten, dann mit dem linken Daumen aus, wobei die jeweils andere Hand ruht und nachgreift (3-mal pro Hand wiederholen).
21. Zum Schluss streichen Sie über Ober- und Unterschenkel mit nebeneinander liegenden Handflächen.
22. Nehmen Sie den rechten Fuß in eine Hand, während Sie die andere zu einer Faust ballen. Streichen Sie mit der Faust mit Druck von der Ferse über die Fußsohle bis zu den Zehen. Wiederholen Sie diese Streichung 3-mal.

➤ Danach wechseln Sie zum linken Bein.

23. Zum Schluss der Massage streichen Sie mit langen Bewegungen über die Beine, zum Po und weiter über den Rücken zu den Armen und wieder zurück. Wiederholen Sie diese Streichung 6-mal, und werden Sie mit jedem Durchgang schneller.

Bedecken Sie den Körper mit dem Laken, und lassen Sie Ihren Partner das angenehme Gefühl in Ruhe genießen.

info:

MASSAGE UND MEHR

In früheren Zeiten war Lomi Lomi Nui ein mehrtägiges Tempelritual, das der Einweihung diente und nur von auserwählten Kahunas (Meistern) zelebriert wurde. Körperliche Spannungen, aber auch negative Emotionen wie Angst und Ärger sollten sich während des Rituals auflösen, da sie als Ursache von Krankheiten angesehen wurden.
Neben der Massage des Bauches gilt das besondere Augenmerk dem Rücken, der für die Kahunas die Zukunft widerspiegelt. Und während der Behandlung soll all das beiseite geräumt werden, was der Zukunft im Wege steht ...
Wer heute in den Genuss einer Hawaii-Massage kommt, wird dieses Erlebnis so schnell nicht vergessen: Mit sanft fließenden, intuitiven Streichungen weicht jede Anspannung. Noch besser: Zwei synchron arbeitende Masseure schaukeln den Körper im Hula-Rhythmus (Adresse Seite 46).

Gesucht – gefunden

Büchertipps

Massageformen

Assmann, Klaus: Lomi Lomi Nui. Die Tempelmassage aus Hawaii. Aurum-Verlag, Braunschweig

Goodman, Saul: Shiatsu. Ein praktisches Handbuch. Irisiana Verlag, München

Kettenring, Maria: Erotische Partnermassage. Gräfe und Unzer Verlag, München

Kliegel, Ewald: Reflexzonenmassage an der Hand. Haug-Verlag, Heidelberg

Schutt, Karin: Ayurveda. Sich wohl fühlen ein Leben lang. Gräfe und Unzer, München

Schutt, Karin: Enjoy! Massagen zum Entspannen. Gräfe und Unzer Verlag, München

Schutt, Karin: Massagen. Wohltat für Körper und Seele. Gräfe und Unzer Verlag, München

Wagner, Franz: Akupressur – Heilung auf den Punkt gebracht. Gräfe und Unzer Verlag, München

Wagner, Franz: Reflexzonenmassage. Gräfe und Unzer Verlag, München

Entspannt & fit

Alle Bücher aus dem Gräfe und Unzer Verlag, München:

Bös, Prof. Dr. Klaus: Walking und sanftes Lauftraining.

Grasberger, Dr. med. Deliah: Autogenes Training (Übungskurs mit CD).

Lockstein, Carolin/Faust, Susanne: Relax! Der schnelle Weg zu neuer Energie.

Schmauderer, Achim: Wirbelsäulen-Gymnastik. Die besten Übungen für einen starken Rücken.

Seiwert, Lothar: Das Bumerang-Prinzip: Don't hurry, be happy.

Trökes, Anna: Yoga – mehr Energie und Ruhe (mit CD).

www-Tipps

Sie suchen einen guten Masseur/eine gute Masseurin oder einen mobilen Massagedienst?

www.touchlife.de
www.instituthawaii.de
www.ayurveda.de
www.massageservice.de
www.massagedienst.de
www.bodymechanics.de

Sachregister

Die Massagen

Über die Autorin

Karin Schutt studierte Kommunikationswissenschaften, Psychologie und Pädagogik und hat Zusatzausbildungen in Atemtherapie und Massage. Seit 1985 arbeitet sie als Autorin für Gesundheits- und Wellnessthemen. Sie veröffentlichte zahlreiche Bücher, im Gräfe und Unzer Verlag unter anderem zwei weitere Massage-Bücher und ein Buch über Ayurveda.

Bildnachweis

Fotoproduktion: Tom Roch

Weitere Fotos:
Ingolf Hatz: S. 22 (oben), 24;
Andreas Hoernisch: S. 17;
Manfred Jahreiß: S. 29 (unten), 40; Jahreszeiten Verlag (Michael Goldenbaum): vordere Umschlagseite

Wichtiger Hinweis

Alle Ratschläge, Übungen und Rezepte in diesem Buch wurden von der Autorin sorgfältig recherchiert und in der Praxis erprobt. Sie sind für Menschen mit normaler Konstitution geeignet. Dennoch sind Sie selbst aufgefordert, in eigener Verantwortung zu entscheiden, ob und inwieweit Sie diese Vorschläge umsetzen können und möchten. Lassen Sie sich in allen Zweifelsfällen zuvor durch einen Arzt oder Therapeuten beraten. Weder Autorin noch Verlag können für eventuelle Nachteile oder Schäden, die aus den im Buch gegebenen praktischen Hinweisen resultieren, eine Haftung übernehmen.

Impressum

Programmleitung:
Ulrich Ehrlenspiel
Redaktion: Reinhard Brendli
Lektorat & Satz: Felicitas Holdau

Layout: Heinz Kraxenberger
Umschlaggestaltung:
independent Medien-Design
Herstellung: Gloria Pall
Lithos: w & co., München
Druck/Bindung: Alcione, Trento

ISBN 3-7742-6678-6

Auflage	5.	4.	3.	2.	1.
Jahr	2008	07	06	05	04

GRÄFE UND UNZER

Ein Unternehmen der
GANSKE VERLAGSGRUPPE